PIECES
CONCERNANT
LA MAISON
DE BAUFFREMONT.

AVERTISSEMENT.

M. DE BAUFFREMONT *fils, ayant pris, ſelon l'uſage immémorial de ceux de ſa Maiſon, la qualité de* Haut & Puiſſant Seigneur, *dans la Requête par lui préſentée à la Chambre des Comptes de Dole, pour y prêter foi & hommage de la Terre & Seigneurie de Faucogney, en qualité d'Epoux & exerçant les droits de Madame Marie Suzanne Simonne Ferdinande de Ténarre de Montmain ſon Epouſe; la Chambre des Comptes de Franche-Comté, avant faire droit ſur ſa demande, lui ordonna de juſtifier de la qualité de* Haut & Puiſſant Seigneur, *priſe dans ſa Requête. M. de Bauffremont ayant prouvé la poſſeſſion immémoriale où ceux de ſon nom étoient de prendre ces qualifications & autres plus relevées, la Chambre des Comptes du Comté de Bourgogne, par Arrêt du 30 Mars 1753, l'a maintenu dans la jouiſſance & poſſeſſion de prendre ces qualités tant en jugement que dehors ; & en conséquence, il a été admis à rendre la foi & hommage dont il s'agissoit, en prenant la qualité de* Haut & Puissant Seigneur. *L'Arrêt qui reçoit sa foi & hommage avec ces qualifications, est du 2 Avril 1753. Pour prévenir de pareilles difficultés, on a fait imprimer cet Arrêt & les pieces qui y ont servi de motif.*

COPIE

De l'Inventaire des Pieces & Titres présentés à la Chambre des Comptes de Dôle, en 1753.

CET Inventaire est en forme, & a été produit. Il y est fait mention de titres depuis l'an 1200. jusqu'à présent. Ces titres établissent que la Maison de Bauffremont a toujours été qualifiée des titres les plus illustres, en tous actes, tant en jugement que dehors ; auquel Inventaire est joint l'extrait d'une Généalogie de la Maison de Bauffremont, qui a été présentée, commençant vers l'an 427. depuis la venue de J. C. par un Frédéric de Bauffremont, Roy de Bourgogne, & finissant par la seule Branche de la Maison de Bauffremont, qui reste aujourd'hui, par Charles-Louis de Vienne, dit de Bauffremont, Marquis de Listenois & de Meximieux, Chevalier de la Toison d'or, Général de Bataille ès Armées du Roi Catholique, mari de Louise Françoise de Bauffremont, pere & mere de Pierre, *grand-pere de Louis Benigne, & bisayeul de Louis, de Charles Roger & de Joseph de Bauffremont freres, les seuls de cette Maison qui restent aujourd'hui en cette présente année*

1753, avec une fille unique âgée de deux ans & demi.

TITRES ET PIECES par lesquelles le Marquis de Bauffremont prouve que lui, ses prédécesseurs, & ceux de son nom & de sa Maison sont & ont toujours été dans la possession constante de prendre & de recevoir les qualités les plus relevées, en tous actes publics & particuliers, sous les yeux du Parlement & de la Chambre des Comptes du Comté de Bourgogne & de leurs Souverains, & nommément les qualités de haut & illustre, puissant, excellent, très-haut, très-illustre & très-excellent Seigneur, noble, puissant & généreux Seigneur: *& ce, avant & après les Edits de 1626 & de 1650, donnés à la requête des Etats Généraux du Comté de Bourgogne, uniquement pour empêcher que les qualités susdites ne fussent usurpées, & nullement pour en priver la Maison de Bauffremont, qui en étoit en possession & jouïssance, de fait & de droit, par une possession constante & non interrompue, à raison de la grandeur de son extraction, de la pureté & de l'égalité de ses alliances, & des grands & importans services qu'ils ont rendus en tous tems à leurs Souverains, avec lesquels ils ont eû l'honneur d'être alliés & conjoints par plusieurs mariages.*

Mémoire Généalogique de la très-illustre Maison de Bauffremont, dressé par le sieur d'Audeux, sur titres & chartres autentiques; lequel a été retrouvé dans les Archives de M. le Président de Montureux, & par lui remis à M. le Marquis de Bauffremont fils, le 20 Décembre 1751, par acte pardevant Notaires; lequel acte est joint à ladite Généalogie. Cotte I.

Requête de l'an 1685. le 6 Juillet, *&c.* pardevant Cotte II.

Messire Louis de Chaillot, Conseiller à la Cour du Parlement de Besançon, Commissaire en cette partie.

Est comparu Claude Antoine, Procureur de Haute & Puissante Dame Dame Louise de Bauffremont, veuve douairiere de son Excellence le Seigneur Marquis de Meximieux, *&c.* lequel a fait assigner à ces jour, lieu & heure le sieur Procureur Général de Sa Majesté en sadite Cour de Parlement à Besançon, & les Srs Prêtres & Religieux de l'Abbaye de S. Paul dud. lieu, pour voir par nous procéder à la collation de deux titres honorifiques, en date des années 1297. & 1298, dont lad. Dame entend se servir pour prouver la grandeur de la Maison de Bauffremont; lesquels sieurs Procureur Général & Religieux de ladite Abbaye, comparans, *&c.* ont déclaré qu'ils se rapportent à nous d'ordonner ce qu'il nous plaira sur la collation requise, n'ayant rien à objecter sur lesdits titres; de quoi nous avons octroyé acte à ladite Dame, & ensuite déclaré qu'il sera par nous Commissaire susdit, en présence desdites Parties, procédé à la collation desdits titres: ce que nous avons fait instamment, *&c.*

S'ensuivent les deux titres collationnés par ledit sieur Commissaire, M. de Chaillot, insérés à la suite du même acte. Le premier commence ainsi:

A noble Baron & sage, & à son amé Seigneur. A Monseigneur Liebaut, Seigneur de Bauffremont, tenant le Comté de Bourgogne de par le Roy de France, & ledit Duc de Bourgogne; Guichard de Bourbonne, Chevalier Châtelain de Jussey, salut & bon amour, &c. Cet Acte est de l'an 1298.

Dans le même Acte est la Lettre de Robert Duc de Bourgogne, commençant ainsi:

Robert Duc de Bourgogne, à notre amé & féal Cousin Monseigneur Liebaut, Seigneur de Bauffremont, salut & amour, &c. Donné à Laigny près de Dijon, l'an de grace 1297, le jour de la Fête S. Benoît.

Ensuite dudit Acte est écrit: » Collationné à leurs » originaux, par Nous Messire Pierre-Louis de Chaillot » *&c.* Conseiller du Roy en la Cour du Parlement à » Besançon, Commissaire en cette partie. Ce reque- » rant Haute & Puissante Dame, Dame Louise de » Bauffremont veuve, douairiere de son Excellence le » Seigneur Marquis de Meximieux, Charles-Louis de » Bauffremont, Marquis de Meximieux, Chevalier de » la Toison d'Or, son mari, en présence *&c.* » Fait le sixieme Juillet 1685, signé de Chaillot.

Ce Liebaut de Bauffremont est le douzieme ayeul paternel du Suppliant, comme on le peut voir par la généalogie de la Maison de Bauffremont dans l'histoire du Comté de Bourgogne écrite par M. Dunod, imprimée avec privilége, tome 2.

N^a. *Louise-Françoise de Bauffremont, nommée dans l'Acte, est la bisayeule paternelle du Suppliant, femme de Charles-Louis son bisayeul paternel.*

Testament de Madame Mahaut de Poligny, femme en premieres noces de M. Huart de Bauffremont, où elle est qualifiée de Noble femme Madame; qualité la plus relevée en ce tems-là; ses enfans & ses deux maris sont qualifiés *Chevaliers.* Cotte III.

On écrivoit *Besfroimont* pour *Bauffremont*, *Rahil* pour *Ray*, & *Puligney* pour *Poligny*, comme il paroit dans ce Testament.

Original en parchemin avec la copie collationnée & légalisée qui y est jointe, de l'an 1311, le Mardy après Pâques-fleuries.

Cotte IV. Différens Titres de la Maison de Bauffremont, dont les originaux sont chez M. de Clérambault, Généalogiste de l'Ordre du S. Esprit, des années 1460, 1475, 1385, 1352, 1353, 1411, 1302, 1325, 1346, 1412, 1305, 1312, 1565.

Dans le premier Titre à la tête, Philippe le-Bon, Duc de Bourgogne qualifie Pierre de Bauffremont Comte de Charny, *de notre amé & feal Cousin*, Messire Pierre de Befroimont Comte de Charny, Seigneur de Molinot, de la Borde, de Rullies, Sénéchal de Bourgogne, *&c.*

Cotte V. Transaction faite entre Monseigneur Perron de Bauffremont par la grace de Dieu, Abbé de Lure, *&c.* du Mardy avant la Fête S. Denis 1317. Copie collationnée & contrôlée.

Cotte VI. Etat des Hauts Barons qui furent mandés par le Roy Jean, au 25 Août 1352, page seconde. Mons Liebaut de Befroimont y est nommé avant plusieurs Souverains.

Ce Titre est tiré du Trésor des Chartres de Paris, & signé par M. Joly de Fleury, Procureur-Général du Parlement de Paris, qui en est Garde. *On ne peut y entrer sans une Lettre-de-cachet du Roy.*

Cotte VII. Testament de Catherine de Dammartin, femme de Noble & Puissant Seigneur Messire Pierre de Bauffremont, Chevalier Baron de Soye & de Senecey, en date du 7 Décembre 1487, dont l'original repose à la Biblioteque de S. Vincent à Besançon, comme il conste par le certificat qui y est joint, donné par le Bibliotécaire, ledit Acte collationné & légalisé.

Vente d'une Maison située à Scey, faite par Guenegon d'Autel, veuve de feu Noble & Puissant Seigneur Messire Jean de Bauffremont, Chevalier Seigneur de Ville, &c. Original en parchemin de l'an 1422. Cotte VIII

Accord entre les Habitans de Scey & Noble & Puissant Seigneur de Scey-sur-Saône, qui ne peut être autre qu'un Bauffremont, quoiqu'il n'y soit pas nommé, parce que cette Terre est dans la Maison de Bauffremont depuis plus de cinq siecles, y étant entrée par le mariage de Liebaut de Bauffremont ci-dessus nommé avec Marguerite de Choiseul, & qu'elle n'en est jamais sortie. Copie collationnée. L'Acte daté du 26 Mars 1410, & confirmé en 1436. Cotte IX

Testament d'Agnès de Bauffremont, fille de Noble & Puissant Seigneur Messire Pierre, Seigneur de Bauffremont & de Rupt, & femme de Jehan de Rupt & d'Ottencour. Cotte X

Dans ce Testament, Agnès de Bauffremont nomme Béatrix du Chatelet sa mere, & son bien aimé oncle Messire Guillaume de Bauffremont (*a*), Chevalier Seigneur

(*a*) Ce Guillaume de Bauffremont, tige de Messieurs de Bauffremont vivans aujourd'hui, étoit le second des fils de Henry de Bauffremont, & de Jeanne de Vergy, frere aîné de Pierre de Bauffremont, dit le jeune, Chevalier de la Toison d'or à la premiere institution, Lieutenant Général pour le Duc Philippe le Bon, en ses Etats de Bourgogne, Sénéchal du Duché. Henry de Bauffremont son frere aîné avoit épousé Jeanne de Châde Steich & de Sonbernon, &c. *Steich (b) est la même chose que Scey.* Ce Guillaume avoit épousé Marguerite de Villers-Sexel, héritiere de cette branche, de l'Illustre & Puissante Maison de Faucogney, alliée à nos Rois, puisque l'on voit dans l'histoire de France, que Jean Baron de Faucogney avoit epousé Isabelle de France, fille du Roy Philippe le-Long en 1322, & veuve de Guy VIII. Dauphin de Viennois; Jeanne de Villers-Sexel étoit d'une branche de cette Maison, comme on le peut voir par l'histoire écrite par Dunod ; & sa mere étoit une Montagu de la Maison de Bourgogne, de la premiere race des Ducs de Bourgogne, Princes du Sang de France qui regne aujourd'hui sur nous. Ledit Acte original en parchemin est du 9 Juillet 1440, avec la copie collationnée & légalisée.

Cotte XI. Copie collationnée & en forme de l'érection de la Terre de Charny en Comté pour Pierre de Bauffremont, (*c*) par Lettres-Patentes accordées par le Roy Louis

lon, fille de Jean de Châlon & de Louise de la Tremoille, d'où il n'eut qu'une fille mariée dans la Maison des Comtes d'Arberg.

(*b*) Dans les titres en latin on écrit *stechium.*

(*c*) Ce Pierre de Bauffremont étoit fils de Henry de Bauffremont & de Jeanne de Vergy, & frere cadet de Guillaume de Bauffremont, tige de Messieurs de Bauffremont vivans aujourd'hui. Il fut fait Chevalier de la Toison d'or à la premiére institution, & épousa en troisiémes noces Marie de Bourgogne, fille naturelle & légitimée de Philippe le Bon, Duc de Bourgogne, dont il eut trois filles : l'aînée Antoinette avoit épousé Antoine de Luxembourg, Comte de Roucy, Ligny, & Brienne, fils du Connétable de Saint-Pol, & de la sœur de la Reine femme de Louis XI; la seconde & la troisiéme furent mariées dans la maison de Longvi; & c'est comme descendant de Pierre de Bauffremont & de Marie de Bourgogne, que M. le Comte de Brionne de la Maison de Lorraine, vivant aujourd'huy 1753, est Sénéchal de Bourgogne & Comte de Charny. Il y a peu

XI. de l'an 1461, en parchemin, tirées des Regiſtres du Parlement de Paris.

Dénombrement de la Terre de Clervaux que fait Haut & Puiſſant Seigneur Meſſire Jean de Bauffremont, Chevalier de l'Ordre d'Alcantara en Eſpagne, Gentil-homme de la bouche de Sa Majeſté Catholique, ſon Conſeiller & Baillif d'Aval au Comté de Bourgogne, Baron, & Seigneur de Clervaux, Saint-Mauris, Châtelvilain ou Châteauvilain (*a*), d'Urnes, Villafaus-le-neuf, Ruffey ſur l'Oignon, Angirey, Avrigney, Charriey, Puſel, Fonvens : à ſadite Majeſté, en la perſonne de Haut & Puiſſant Seigneur Meſſire François de Vergy, Comte de Champlitte, Gouverneur & Capitaine Général en ſeſdits pays & Comté de Bourgogne, *&c.* du 5 Mars 1585. Cotte XII.

Traité de mariage entre Haut & Puiſſant Seigneur Georges-Epaminondas de Bauffremont, Gentilhomme ordinaire du Roi, depuis Comte de Cruſilles, & Chambellan de Monſeigneur le Duc d'Anjou, depuis Henry III. Roi de France, & Haute & Puiſſante Dame, Madame Guillemette de la Marck, veuve de Haut & Puiſſant Prince Meſſire Jean de Luxembourg. Collationné & ſcellé des 5. Août 1579. & 8. Juillet 1585. Cotte XIII.

de Maiſons Souveraines en Europe, régnantes aujourd'hui qui n'en deſcendent.

Pierre de Bauffremont avoit épouſé ſans enfans en premieres noces Jeanne de Montagu, Princeſſe du ſang de France, & en ſecondes Jeanne de Saux-Tavannes auſſi ſans enfans. Il n'en eut que de ſa troiſieme femme Marie de Bourgogne.

(*a*) Cette Terre a paſſé dans la Maiſon de Watteville par le mariage de Deſle de Bauffremont avec Jean de Watteville.

Cotte XIV. Reprise de fief, tirée de la Chambre des Comptes de Dole, de Haut & Puissant Seigneur Messire Jean de Bauffremont, Chevalier de l'Ordre d'Alcantara en Espagne, &c. lequel donne tout pouvoir, puissance & autorité pertinente & nécessaire, à noble Seigneur Gerard de Marnix, Baron & Seigneur de Poitte, &c. de pour & en son nom se représenter à tous commis de la part de Sa Majesté & excuser sa personne, mêmement & spécialement en sondit nom & qualité, comparoir pardevant Haut & Puissant Seigneur Messire François de Vergy, Chevalier, &c. Gouverneur & Capitaine général en son pays & Comté de Bourgogne, pour rendre foi & hommage des fiefs que ledit Seigneur tient du Roi, &c. Fait & passé à Clervaux sous le scel du Roi, le 5. Novembre 1584.

Cotte XV. Extrait des Registres de la Chambre des Comptes de Dole, sur requête du Suppliant. Don de par la Duchesse de Bourgogne à notre amé & féal Messire Huart de Bauffrémont, Chevalier, &c. de soixante livrées de terre que nous lui avons données, &c. Fait & donné à Vesoul le Vendredi après la fête sainte Lucie de l'an 1336, scellé.

S'ensuit dans le même acte la teneur des Lettres y jointes & attachées avec un sceau en cire rouge.

Nous Jeanne, fille du Roi de France, Duchesse de Bourgogne, Comtesse d'Artois, &c. confirmant le don susdit, &c. Datées à Rome le premier Janvier 1346.

Le Suppliant descend en ligne directe de Huart de Bauffremont.

Ce Huart de Bauffremont avoit épousé Jeanne de

Scey, ancienne & illuſtre Maiſon du Comté de Bourgogne.

Extrait de la Chambre des Comptes de Dole. Chartre de Pierre, Seigneur de Bauffremont & de Rupt, Chevalier, lequel fait ſavoir & notifie à tous, que combien avant la guerre qui a été entre le Roi notre Seigneur, & Très-Haut & Très-Puiſſant Prince Monſeigneur le Duc de Bourgogne & de Brabant, il eût envoyé certaines Lettres pour maniere de défiance (*c'eſt-à-dire de défi & de déclaration de guerre*) à Monſeigneur de Bourgogne, *&c.* leſquelles défiances & tout ce qui s'en étoit enſuivi ſont demeurées nulles & abolies par le traité de la paix entre le Roi notre Seigneur & le Seigneur Duc de Bourgogne. Toutes fois pour graigneur * ſûreté & afin que quelqu'un n'y faſſe quelque doute ou difficulté, lui, d'abondant par ces préſentes Lettres tient & répute leſdites Lettres de défiance pour abolies & nulles & de nul effet, & les met du tout au néant, ſans que dores-en-avant s'en puiſſent aider, *&c.* contre & au préjudice de mondit Seigneur de Bourgogne, ni de ſes Officiers, pays, ſujets, ſerviteurs & aidans, *&c.* Fait à Nancy le 24. Novembre 1436. Cotte XVI.

Extrait des regiſtres de la Chambre des Comptes de Dole. Cotte XVII.

Déclaration & dénombrement que fait Noble & Puiſſant Seigneur Meſſire Jean de Bauffremont, Che-

* C'eſt-à-dire pour plus grande ſûreté. *Graigneur* eſt un adjectif qui vient du Latin *grandior*, plus grand, comparatif de *grandis*.

valier, &c. à la perſonne de Haut & Puiſſant Seigneur Meſſire François de Vergy, &c. du 5. de Mars 1585.

Autre Déclaration dans le même acte, de l'année 1585, avec la même qualification.

Cotte XVIII. Extrait des regiſtres de la Chambre des Comptes de Dole.

Recès * des Etats de la Franche-Comté de Bourgogne tenus en l'an 1654. Extrait de la part de la Nobleſſe, Meſſire Claude de Poligny, Baron & Seigneur de Traves, préſident. Illuſtre Seigneur Charles-Louis de Bauffremont, Baillif d'Aval, &c.

A la page ſix du même acte des Etats, on y qualifie Très-Illuſtre Seigneur Meſſire Claude de Bauffremont, Baron de Scey, du Conſeil de Guerre de Sa Majeſté, Capitaine, Gouverneur & Lieutenant-Général en ce Comté de Bourgogne & du Charolois, &c. Les plus grands qui ont ſigné dans cet acte n'ont point d'autres qualités.

Au *verſo* de la même page 6. de la part de la Nobleſſe, Meſſire Marc de Montaigu, Baron de Boutavant & Préſident. Illuſtre Seigneur Ferdinand-François-Juſte de Rye, Marquis de Varambon, Comte de la Roche, Baillif & Colonel de Dole. Illuſtre Seigneur Charles de la Baume, Marquis de S. Martin, Baron de Peſmes & Vaudrey, Gouverneur de la ville

* *Recès*, ce mot eſt encore en uſage dans les affaires d'Allemagne & dans les Diettes de l'Empire : c'eſt le recueil ou cayer des Délibérations d'une Diette ; des Etats ou Aſſemblées pour les affaires publiques. On rédige dans ce recueil les Délibérations qui ont été arrêtées pendant le tems de la Diette ou Etats ; ce mot vient du Latin *receſſus*, de *recedere*, ſe retirer.

de Dole : Illuſtre Seigneur Charles-François de la Baume, Prince de Cantecroix : Illuſtre Seigneur Ferdinand de Bauffremont, Marquis de Liſtenois, *&c.*

Au *verſo* de la page 7 du même acte de la part de la Nobleſſe, Meſſire Claude de Poligny, Baron & Seigneur de Traves, Préſident élû en la Chambre de la Nobleſſe. Son Alteſſe le Prince George, Duc de Wirtemberg, Comte de Montbeliard, Seigneur de Grange, *&c.* Illuſtre Seigneur Charles-Louis de Bauffremont, Marquis de Meximieux.

A la page 8. Sur requête d'Illuſtre Seigneur Meſſire Charles-Louis de Bauffremont, Marquis de Meximieux & de Liſtenois, Baillif d'Aval, *&c.* La clôture deſdits actes eſt du 25. Novembre 1662.

Extrait des regiſtres de la Chambre des Comptes de Dole. Cotte XIX.

Réception de foi & hommage par procuration ſpéciale de noble & généreux Seigneur Meſſire Jean de Bauffremont, Chevalier de l'Ordre d'Alcantara en Eſpagne, Gentilhomme de la bouche de Sa Majeſté, & ſon Baillif d'Aval, par François de Vergy, Comte de Champlitte, Gouverneur de la Franche-Comté, *&c.* du 10. Novembre 1584.

Extrait des regiſtres de la Chambre & Cour des Comptes de Dole. Cotte XX.

Vente faite le 7. Décembre 1648, par Illuſtre & Excellent Seigneur Meſſire Claude de Bauffremont, Chevalier, du Conſeil ſecret de Guerre de Sa Majeſté, Colonel de Cavalerie pour ſon royal ſervice, Baillif d'Aval, Baron & Seigneur de Scey ſur Saone, Charriey, Puſey, Gouverneur & Capitaine Général en Bourgogne, pour lui, ſes hoirs & ayant cauſe, à titre & condition de réachapt de 12. ans, à Meſſire Louis Maître, *&c.* de tout ce qui lui appartient en la Seigneurie d'Aumont, *&c.*

Ce Claude de Bauffremont, ci-deſſus nommé Gouverneur du Comté de Bourgogne & Capitaine Général, eſt le triſayeul paternel du Suppliant.

Cotte XXI. Extrait des regiſtres de la Chambre des Comptes de Dole.

Acte qui commence par ces mots : Comme il ſoit que feu ſon Excellence Très-Illuſtre & Puiſſant Seigneur Meſſire Claude de Bauffremont, Baron de Scey ſur Saone, Clervaux, d'Urne, Seigneur de Charriey, Puſey, Gouverneur de ce Pays & Comté de Bourgogne & du Charolois, *&c.*

Et à la page 3. *verſo* il eſt dit : Cejourd'hui étant en ſa perſonne Très-Illuſtre & Puiſſant Seigneur Meſſire Charles-Louis de Bauffremont, Marquis de Meximieux & de Liſtenois, Vicomte de Marigny, Baron de Scey ſur Saone, Clervaux, d'Urne, Monſaugeon, Seigneur de Rans, *&c.* & Baillif d'Aval, Général de bataille ez armées de Sa Majeſté, en qualité d'héritier bénéficiaire de feu ſon Excellence d'une part, *&c.*

Et enſuite à la page 4. à la fin il eſt dit : Ledit Seigneur Marquis de Meximieux a vendu, cedé & tranſporté la Terre & Seigneurie de Pleure, *&c.*

Et à la page 8. du même acte au commencement, il eſt dit ; & renonce en faveur deſdits ſieurs achepteurs

Illustre & Puissante Dame Dame Louise-Françoise de Bauffremont à tous droits & hypotheques qu'elle pourroit avoir sur ladite Terre, *&c.* Fait le 24. Novembre 1662, *signé* Charles-Louis de Bauffremont, Luc Maréchal, François Maréchal, Antoine Malabrun, Estienne-Doroz, Jacques-Antoine Mairet, *&c.*

A la fin de la page 9. du même acte est la renonciation conçue en ces termes. Constituée en sa personne Illustre & Puissante Dame Dame Louise-Françoise de Bauffremont, femme & compagne de l'Illustre & Puissant Seigneur Messire Charles-Louis de Bauffremont, Marquis de Meximieux & de Listenois, Baron de Scey sur Saone, *&c.* Fait à Scey sur Saone le 5. Mars 1663.

Extrait des registres de la Chambre & Cour des Comptes de Dole, page 2. Cotte XXII.

Réception de foi & hommage par François de Vergy des Terres d'Urne, Châtelneuf & Villafans par Louis de Civria, n'a guere acquise de Haut & Puissant Seigneur Messire Jean de Bauffremont, Baron & Seigneur de Clervaux, *&c.*

A la page 5. du même acte, on lit les mêmes qualités données à Jean de Bauffremont.

A la page 14. du même acte, passé à Poligny le 12. Octobre 1570, furent presens Fernand de Mont-Saint-Leger, Ecuyer, Seigneur de Roziere, François de Chassey, & Pierre Guichard, aussi Ecuyer, tous gentilshommes de la Maison dudit Seigneur vendeur. *Signé* sur la grosse, J. de Bauffremont.

Extrait des registres de la Chambre & Cour des Comptes de Dole. Cotte XXIII.

Prestation de foi & hommage entre les mains de Messire François de Vergy, Comte de Champlitte, *&c.* Lieutenant-Général & Gouverneur pour le Roi en ses Pays & Comté de Bourgogne, & par Sa Majesté commis, tant par la susdite charge de Gouverneur que par spéciales Patentes, publiées en la Cour de Parlement à Dole le 18. Novembre 1583, à recevoir le renouvellement de serment à Sa Majesté, *&c.* Girard de Marnix, Baron & Seigneur de Poitte, Clugimont, Crilliat, *&c.* Procureur spécial & irrévocable, faisant prompte exhibition de sadite procuration spéciale de noble & généreux Seigneur Messire Jean de Bauffremont, Chevalier de l'Ordre d'Alcantara en Espagne, Gentilhomme de la Bouche de Sa Majesté & son Baillif d'Aval, Baron & Seigneur de Clervaux, Saint-Mauris, *&c.* Fait au Château de Gray le 6. Novembre 1584, *signé* François de Vergy.

Na. Jean de Bauffremont, si souvent nommé, est le cinquieme ayeul du Suppliant.

Cotte XXIV. Procuration en parchemin de Haut & Puissant Seigneur Messire Anne de Vienne *, dit de Bauffremont,

* Lorsqu'en exécution d'un testament, donation ou autre acte fait à condition de porter le nom du donateur, on ajoutoit à ce nom d'adoption le mot de *dit*, ce mot signifioit qu'avant cet acte ou donation, le donataire portoit un tel nom, qui étoit celui de sa maison; ainsi en ces occasions, *dit*, signifie *né*. Ce Joachim prenoit donc le nom de *Vienne* pour exécuter une condition qui lui avoit été imposée; mais avant cette condition il étoit appellé de Bauffremont; c'est donc comme s'il y avoit Joachim de Vienne né de Bauffremont, ou, dont le nom est Bauffremont. C'est ainsi que chez les Romains celui qui étoit adopté prenoit le nom de la famille où il entroit; mais il ajoutoit à ce nom d'adoption celui de son origine. Le fils de Paul Emile ayant été adopté par P. Cornelius Scipion, étoit appellé Publius Cornelius Scipio *Æmilianus*, ce dernier nom étoit

Cheva-

Chevalier de l'Ordre du Roi, Marquis d'Arc-en-Barrois, Seigneur de Sombernon, à Madame Marie d'Orgemont son épouse, pour insinuer son contrat de mariage de l'année 1587.

Anne de Bauffremont, ci-dessus nommé, étoit fils d'Antoine de Bauffremont, frere de Jean ci-dessus nommé, Chevalier des deux Ordres de France, nommé Cordon-Bleu par Henri III. dans les premieres promotions : il mourut sans enfans, & ses biens revinrent dans la branche du Suppliant, laquelle servoit en Espagne.

Deux Octobre 1588, commençant par ces termes : Cotte XXV.
» A tous soit notoire & manifeste, que pour parvenir
» au mariage desiré faire entre noble Seigneur Guil-
» laume de Bauffremont, fils de Haut & Puissant Sei-
» gneur Messire Jean de Bauffremont, *&c.* & de feue
» Haute & Puissante Dame Beatrix de Pontalier (*a*),
» en son vivant femme & compagne dudit Seigneur,
» Dame desdits lieux d'une part, & Damoiselle Clau-
» de de Villelume, fille de feu noble & généreux Sei-
» gneur Chrétien de Villelume, *&c.* & de noble &
» généreuse Dame Dame Claude-Philippe de la
» Chambre sa femme (*b*) & compagne, *&c.* Guillaume
» de Bauffremont & Claude de Villelume sont le qua-

celui de sa famille. L'Empereur Auguste, qui étoit fils d'Octavius, ayant été adopté par Jules César, fut appellé *Caius Julius Cæsar* Octavianus.

(*a*) Cette Maison descendoit des Comtes de Champagne. *Voyez* le P. Anselme, Histoire des Grands-Officiers de la Couronne.

(*b*) Pour connoitre l'illustration des Maisons de Villelume & de la Chambre alliée à toutes les Maisons Souveraines de l'Europe, *voyez* Guichenon, Histoire de Bresse.

» trieme ayeul paternel & la quatrieme ayeule pater-
» nelle du Suppliant.

Cotte XXVI. Contrat de mariage compulsé par autorité du Parlement de Besançon, à la Requête de Haute & Puissante Dame Dame Louise Françoise de Bauffremont, Marquise de Meximieux, par-devant M. Pouhat, Conseiller en la Cour de Parlement; en présence du Clerc, Substitut de M. le Procureur Général, en suite de commission de la Cour du mois de May 1686.

Entre Illustre, Haut & Puissant Seigneur, Messire Joachim de Vienne, dit * de Bauffremont, Chevalier, Colonel d'Aval, Marquis de Listenois, *&c.* & Damoiselle Marguerite de Rye, fille aînée de Haut & Puissant Seigneur, Messire Christophle de Rye de la Palu, Chevalier de la Toison d'or, Capitaine de cent hommes d'armes, *&c.* & de Haute & Puissante Dame Dame Eléonor de Chabot, Marquise, Comtesse desdits lieux, pere & mere de ladite Demoiselle.

A la suite dudit Contrat sont deux lettres écrites par l'Archiduc & l'Infante sa femme, Souverains de ce pays-ci, suscrites, « A mon Cousin le Marquis de Va-
» rambon, & à ma Cousine la Marquise de Varambon, »
écrites par leurs Altesses Sérénissimes à M. & à Madame de Rye, pour leur marquer l'approbation qu'ils donnent à ce mariage, signées Albert & Isabelle, du 13 Janvier 1619.

Cotte XXVII. 12 Juillet 1595, Traité en parchemin entre Jean de Bauffremont & Guillaume son fils, commençant

* *Voyez* la Note au bas de la page 16.

par ces mots : « Comme il ſoit que Haut & Puiſſant » Seigneur, Jean de Bauffremont, *&c.*

Requête appointée préſentée au Parlement de Beſançon. « Plaiſe à la Cour, *&c.* & de ce, la ſupplie » humblement Haut & Puiſſant Seigneur, Meſſire » Charles Louis de Vienne, dit de Bauffremont, Mar» quis de Meximieux, de Liſtenois, Baron de Scey, » *&c.* » pour approuver des partages de famille, dont le Traité eſt joint audit Acte, avec l'approbation de la Cour en marge. Cotte XXVIII.

Dans ce Traité & pieces jointes, les Bauffremont ſont qualifiés comme ci-deſſus : cet Acte eſt en parchemin.

Inventaire en forme, produit au Greffe du Parlement de Beſançon par Jean-Baptiſte Joliot, Procureur, contre haute & puiſſante Dame, Dame Louiſe Françoiſe de Bauffremont, douairiere de feu ſon Excellence Meſſire Charles Louis de Bauffremont, Marquis de Meximieux ; illuſtre & révérend Seigneur Meſſire Charles Emmanuel de Bauffremont, *&c.* du 7 Septembre 1689. le tout appointé & produit. Cotte XXIX.

Charles Louis & Louiſe Françoiſe de Bauffremont ſont les biſayeul & biſayeule paternels du Suppliant.

Sentence ſur Requête préſentée par le Procureur de Haut & Puiſſant Seigneur, Meſſire Joachim de Vienne, dit de Bauffremont, Marquis de Liſtenois, *&c.* au lieu de Saint-Oyan de Joux de l'an 1627. Cotte XXX.

Ce Joachim de Bauffremont eſt un des triſayeuls paternels du Suppliant.

Cotte XXXI. Sentence ſur Requête préſentée par le même ; du 22 Décembre de la même année, avec les mêmes qualités.

Cotte XXXII. Sentence pour le même avec les mêmes qualités, au même lieu du 23 Septembre 1624.

Cotte XXXIII. Acte paſſé à Poligny : Partage des biens de Meſſire Jean de Bauffremont, fait entre Meſſieurs ſes enfans, du 3 Février 1610, par-devant Meſſire Maſſon, Lieutenant Général au Bailliage d'Aval, commençant par ces termes : « Au lieu de Poligny, *&c.* eſt comparu Révérend Pere en Dieu & Seigneur, Meſſire Claude de Bauffremont, Abbé Commendataire de l'Abbaye de Balerme, Seigneur & Prince de Vaucluſe, Conſeiller, & Maître aux Requêtes en l'Hôtel de leurs Alteſſes Séréniſſimes, héritier pour un tiers des biens délaiſſés en la ſucceſſion de feu Haut & Puiſſant Seigneur, Meſſire Jean de Vienne, dit de Bauffremont, en ſon vivant Baron & Seigneur d'Arc-en-Barrois, *&c.* & de feue haute & puiſſante Dame Dame Béatrix de Pontaillier, ſes pere & mere, *&c.*

Cotte XXXIV. Copie du teſtament de feue Haute & Puiſſante Dame Claude Marguerite de Coligny, elle vivant, femme de Haut & Puiſſant Seigneur, Meſſire Joachim de Vienne, dit de Bauffremont, Chevalier, Marquis de Liſtenois, Baillif & Colonel d'Aval, avec l'inſinuation dudit Teſtament, du 4 Avril 1612.

C'eſt la premiere femme de Joachim de Bauffremont, ſecond triſayeul paternel du Suppliant, qui deſcend de ſon mari & point d'elle.

28 Août 1655, Traité fait avec M. le Baron de Montfort, & jugement qui en est suivi touchant les interêts du Légat de Madame, &c. commençant par ces mots: « Comme il soit que le seizieme jour du mois de » Juillet 1652, Haute & Puissante Dame Dame Marguerite de Poligny, femme & compagne d'illustre & puissant Seigneur, Messire Claude de Bauffremont, Baron de Scey, &c. Cotte XXXV.

Traité de famille en parchemin du premier Septembre 1651, où tous les Bauffremont & leurs femmes sont tous qualifiés comme ci-dessus. Cotte XXXVI.

Arrêt collocatoire du 16. Avril 1657. en parchemin. En la cause pendante à la Cour souveraine à Dole, entre illustre, haut & puissant Seigneur, Messire Claude de Bauffremont, Baron de Scey sur Saône, Marquis de Listenois, &c. Cotte XXXVII.

Du 20 Novembre 1656. Appointement en marge de Requête: Nicolas-Antoine, Procureur d'Illustre & Puissant Seigneur, Son Excellence Claude de Bauffremont, &c. Cotte XXXVIII.

Contrat de Mariage de Haut & Puissant Seigneur Charles-Louis de Bauffremont, fils de Son Excellence Monseigneur Claude de Bauffremont, & de Haute & Puissante Dame, Dame Marguerite de Poligny, Marquise, Vicomtesse, Baronne desdits lieux, d'une part; & Haute & Puissante Damoiselle Louise-Françoise de Bauffremont, Fille de feu Haut & Puissant Seigneur Cotte XXXIX.

Meſſire Joachim de Vienne, dit de Bauffremont; & de Haute & Puiſſante Dame, Dame Marguerite de Rye, d'autre part.

Cotte XL. Vente de la Terre de Meximieux, de l'an 1650. le 25. Mars par l'Illuſtre & Excellent Seigneur, Meſſire Claude de Bauffremont, Chevalier du Conſeil ſecret de Guerre de Sa Majeſté Catholique, Colonel de Cavalerie pour ſon Royal ſervice, Baillif d'Aval, Baron & Seigneur de Scey ſur Saône, Chariey, Puſſey & autres Places, Gouverneur & Capitaine-Général au Comté de Bourgogne.

Cotte XLI. Priſe de poſſeſſion de Haut & Puiſſant Seigneur Meſſire Claude-Paul de Bauffremont, Marquis de Liſtenois, *&c.* de la Charge de Baillif d'Aval au reſſort de Poligny, du 14 Septembre 1665. *&c.*

Cotte XLII. Deux Juillet 1663. Copie de deffenſes commençant par, Differends pendans par-devant la Cour de Parlement à Dole, entre Illuſtre & Puiſſant Seigneur, Meſſire Charles-Louis de Bauffremont, Marquis de Liſtenois, Meximieux, *&c.* Général de Bataille pour Sa Majeſté.

Cotte XLIII. Par accordance & autres légitimes écritures en la cauſe pendante en la Cour de Parlement à Dole, entre Illuſtre & Puiſſant Seigneur, le Seigneur Marquis de Meximieux, Impétrant en matiere de confection de Terriers, du 12 Août 1664.

Arrêt définitif pour son Excellence Monseigneur le Baron de Scey, touchant l'envoy en possession des biens de Monsieur le Marquis de Listenois, du 7 Janvier 1653, commençant par ces mots: « Le septieme » jour du mois de Janvier 1653, par-devant nous Clau- » de Garnier & Claude Jault, Docteurs ès Droits, Con- » seillers en la Cour Souveraine de Parlement à Dole, » *&c.* « a comparu Jean-Baptiste Danaux, Procureur de l'Illustre & Puissant Seigneur Messire Claude de Bauffremont, Chevalier du Conseil de Guerre de Sa Majesté, Baron de Scey sur Saône, Charriey, Pussey, Marquis de Meximieux, Baron de Clervaux, Durnes, Fonvent, Montsaugeon; Seigneur de Rans, Pleure, Aumont, Commenailles, & Baillif & Colonel d'Aval, Gouverneur Général de Bourgogne, & héritier par bénéfice d'inventaire, *&c.* des biens délaissés par Messire Claude-Charles de Bauffremont, Marquis de Listenois, Colonel d'Infanterie pour le service de Sa Majesté, & en cette qualité Impétrant en confirmation de provision, assisté de Marin Camus pour Avocat, contre Haute & puissante Dame, Dame Marguerite de Rye, Marquise de Listenois. Original en parchemin Cotte XLIV.

Le 26. Janvier 1666, Inventaire des Pieces de Puissant Seigneur Messire Claude-Paul de Bauffremont, Marquis de Listenois, Baillif d'Aval, *&c.* exhibé au Greffe de la Cour de Parlement à Dôle, *&c.* Cotte XLV.

Conclusions pour le Seigneur Marquis de Meximieux du 26. Mars 1664, commençant par ces mots : En la cause pendante en la Cour de Parlement à Dôle, Cotte XLVI.

entre Illuſtre & Puiſſant Seigneur, Meſſire Charles Louis de Vienne, de Villelume, dit de Bauffremont, Marquis de Meximieux & de Liſtenois, &c.

Cotte XLVII. 8 Août 1667, à la Cour remontre humblement Illuſtre & Puiſſant Seigneur Meſſire Charles-Louis de Villelume de Vienne, dit de Bauffremont, Marquis de Meximieux, &c.

Cotte XLVIII. Placet répondu.

Plaiſe à honoré ſieur, Monſieur le Conſeiller Philippe, &c. & de ce ſupplie humblement ſon Excellence Illuſtre & Puiſſant Seigneur, Meſſire Charles Louis de Villelume, de Vienne, dit de Bauffremont, &c.

Cotte XLIX. Du 5 Février 1667, Requête appointée le 12 Décembre 1670. Remontre humblement Son Excellence Illuſtre & Puiſſant Seigneur Meſſire Louis de Bauffremont, Marquis de Meximieux, Chevalier de l'Ordre de la Toiſon d'Or, Général de Bataille ez Armées de Sa Majeſté, &c.

Cotte L. Deffaut du Seigneur Marquis de Meximieux le 7 Janvier de l'an 1671. Claude-Antoine, Procureur de Son Excellence le Marquis de Meximieux, &c.

Cotte LI. Appointement rendu au Rôle le 20 May 1677. pardevant M. François Reux, Conſeiller en la Cour de Parlement à Beſançon, & par elle commis & appointé le reſte des Rôles, dudit jour; A comparu Adrien Jolinot, &c. contre Illuſtre & Puiſſant Seigneur, Meſſire Charles-Louis de Bauffremont, Marquis de Meximieux, &c.

En

En la cause pendante en la Chambre Souveraine de Justice entre Son Excellence, Illustre & Puissant Seigneur, Messire Charles-Louis de Vienne, dit de Bauffremont, Marquis de Meximieux, Chevalier de l'Ordre de la Toison d'Or, &c. exhibé par Antoine le 26 Février 1672, &c. Cotte LII.

Par accordance & autres légitimes écritures en la cause pendante en la Cour, entre Illustre & Puissant Seigneur, Son Excellence Messire Charles-Louis de Bauffremont, Marquis de Meximieux, Chevalier de l'Ordre de la Toison d'Or, &c. exhibé par Antoine le 18 Janvier 1677. sous la même Cotte. Cotte LIII.

Autre Acte le 4 May 1677. par-devant Nous François Reux, Docteur ès Droits, Conseiller en la Cour Souveraine de Parlement à Besançon, a comparu Adrien Joly, &c. contre Illustre & Puissant Seigneur Charles-Louis de Bauffremont, Chevalier de la Toison d'Or, sous la même Cotte.

Autre Acte du 20 May 1677. par-devant Nous Antoine Mairot, Seigneur de Mutigney & François Reux, Docteur ès Droits, &c. a comparu Adrien Joliot, contre Illustre & Puissant Seigneur, Messire Charles-Louis de Bauffremont, Marquis de Meximieux, & Illustre Dame, Dame de Bauffremont sa compagne, &c.

Enquête faite par Noble Etienne Doroz, Docteur ès Droits, sçavoir faisons qu'ensuite des ordres à nous adressés de la part de son Excellence, illustre & puissante Dame Louise-Françoise de Bauffremont, Marquise de Meximieux, femme & compagne de Haut & Cotte LIV.

Puissant Seigneur, Charles-Louis de Vienne, dit de Bauffremont, Marquis de Meximieux, *&c.* nous nous ferions transportés en la Baronie de Monsaugeon, à l'effet de reconnoître l'illustre & puissante Maison de Villelume, *&c.* Fait à Poligny, le 8 Avril 1678.

Cotte LV. Exécution d'Arrêt du 15 Avril 1682, en la cause d'exécution d'Arrêt ci-devant pendante par-devant, *&c.* Commis de la Cour souveraine de Parlement à Besançon; & elle a évoqué entre haute & puissante Dame Anne de Lorraine, Princesse de l'Illebonne, haute & puissante Dame Dame Henriette de Cusance & de Vergy, Duchesse d'Arschot & d'Aremberg, haute & puissante Dame Dame Madeleine de Cusance & de Vergy, Comtesse de Berg, héritiere de Messire Clériadus de Cusance & de Vergy, Baron de Bauvoye, & par représentation d'icelui de Haut & Puissant Seigneur, Messire Clériadus de Vergy, Comte de Champlitte, Chevalier de l'Ordre de la Toison d'or, Gouverneur de ce pays & Comté de Bourgogne, impétrant, d'une part; Haut & Puissant Seigneur, Messire Henry François de Foix de Candale, Duc de Randau, Pair de France, Marquis de Senecey, Messire Alexandre, Marquis de Vieuxpont, & Damoiselle Jeanne de Vieuxpont, héritiere de haute & puissante Dame, Madeleine de Bauffremont, veuve dudit Seigneur, Comte de Champlitte, entrée en cause en son lieu & place, Défendeur, d'autre part, *&c.*

Même Cotte. Requête appointée à Nosseigneurs du Parlement. Supplie humblement Haut & Puissant Seigneur, Mes-

ſire Pierre de Bauffremont, du 15 Août 1684.
Autre Acte ſous la même Cotte du même Pierre de Bauffremont, qualifié de même au Siege de Poligny, du 19 Août 1684.

Autre Acte ſous la même Cotte du même Pierre de Bauffremont, du 3 Juillet 1684, avec pareille qualification.

C'eſt le grand-pere paternel du Suppliant.

Aſſignation donnée ſur papier timbré à Paris, à la requête du Procureur Général du Parlement de Beſançon, en l'an 1685. le 27. Septembre, en vertu d'un Arrêt, *&c.* à Haut & Puiſſant Seigneur, Meſſire Charles Emmanuel de Bauffremont, *&c.* & le vingt-huitiéme jour dudit mois de Septembre 1685. à haute & puiſſante dame dame Marie DesBarres, veuve de Haut & Puiſſant Seigneur, Pierre de Bauffremont, Marquis de Liſtenois, à Dame Antoinette de Bauclaire, *&c.* & à Meſſire de Bauclaire d'Eſtiaux, à Meſſire de Bauclaire, Chevalier, Seigneur d'Acheres, & à Meſſire Du Prat, Chevalier, Marquis de Vitteaux, de comparoir le Lundi 15. Octobre prochain, par-devant Noſſeigneurs de la Cour de Parlement de Beſançon, *&c.* Cotte LVI.

Défenſes ſignifiées le 25 Avril 1688, à ſon Excellence Haute & Puiſſante Dame Dame Louiſe Françoiſe de Bauffremont, *&c.* Aux mêmes défenſes ſont jointes celles d'illuſtre & révérend Seigneur, Meſſire Charles Emmanuel de Bauffremont, Abbé Commendataire des Abbayes de Saint-Paul de Beſançon, & de Saint- Cotte LVII.

Pierre de Luxeul, *&c.* & honoré ſieur Meſſire Jean Faviere, Conſeiller au Parlement de Beſançon, en qualité de tuteur d'illuſtres & puiſſans Seigneurs Jacques Antoine de Bauffremont, Marquis de Liſtenois, Baillif d'Aval, & Louis Bénigne de Bauffremont freres, héritiers bénéficiaires de feu ſon Excellence Haut & Puiſſant Seigneur, Meſſire Charles Louis de Bauffremont, Marquis de Meximieux, Chevalier de l'Ordre de la Toiſon d'or : ſçavoir ledit Seigneur Abbé de Bauffremont pour une moitié, & leſdits Seigneurs Marquis de Liſtenois & Louis Benigne de Bauffremont freres pupilles par repréſentation de feu Haut & Puiſſant Seigneur, Meſſire Pierre de Bauffremont, Marquis de Liſtenois leur pere, *&c.*

Sous la même Cotte, défenſes ſignifiées le 25 Avril 1688, pour ſon Excellence, Haute & Puiſſante Dame, Louiſe Françoiſe de Bauffremont, *&c.*

Cotte LVIII. Extrait des Regiſtres du Parlement. Ordonnance en ſuite d'Arrêt, pour donner aſſignation à ſon Excellence Dame, Dame Louiſe Françoiſe de Bauffremont, *&c.* & autres actions en conſéquence exercées en vertu dudit Arrêt, où les mêmes qualités ſont données à tous les Bauffremont. Le 6. Juillet 1666, par remontrance en la cauſe pendante en la Cour ſouveraine de Parlement à Dole, entre le ſieur Jean-Baptiſte Maſſon, ſieur d'Yvrey, impétrant en garde contre illuſtre Claude Paul de Bauffremont, Marquis de Liſtenois : toutes les écritures ſont ſignées par M. Pierre Bouhelier.

Appointement rendu le 17. Août 1688, contre Haute & Puiſſante Dame, Dame Louiſe Françoiſe de Bauffremont, Marquiſe de Meximieux ; avec exploit d'aſſignation ſous la même Cotte.

Extrait de délibération ſur le procès entre M. le Duc de Foix & autres héritiers de Dame Madeleine de Bauffremont, où elle eſt qualifiée Haute & Puiſſante Dame. Cotte LIX.

Extrait des Regiſtres du Parlement, entre Meſſire Jean Faviere, Conſeiller du Roi en ladite Cour de Parlement à Beſançon, en qualité de tuteur de Meſſire Jacques Antoine de Bauffremont, Marquis de Liſtenois & de Clervaux, Baillif d'Aval au Comté de Bourgogne, & de Meſſire Louis Benigne de Bauffremont, Marquis de Mirebeau, enfans, héritiers bénéficiaires d'illuſtre Seigneur, Meſſire Pierre de Bauffremont, vivant Chevalier audit Parlement, Baillif d'Aval, & Marquis deſdits lieux, Demandeur, comparant par Jacques Pechoux ſon Procureur, contre, &c. en qualité de curateur deſdits Seigneurs de Bauffremont, illuſtre Dame Marie Des Barres, veuve dudit feu Marquis de Liſtenois, &c. du 15. Novembre 1688. Cotte LX.

Autre acte ſous même Cotte du 24. Novembre 1688. Copie de défenſes commençant par ces mots: « Comme il ſoit que feu ſon Excellence, très-illuſtre & puiſſant Seigneur, Meſſire Claude de Bauffremont, Baron de Scey ſur Saône, Clervaux, Durnes, Seigneur de Charriey, Puſſey, &c. Gouverneur de ce pays & Comté de Bourgogne & de Charolois, ſoit redevable à Meſſire Luc, Maréchal, &c. »

Cotte LXI. Requête appointée par Nosseigneurs du Parlement, du 24 Novembre 1692. Supplie humblement son Excellence, Haute & Puissante Dame, Dame Louise Françoise de Bauffremont, Marquise de Meximieux & de Listenois, en qualité de tutrice de Hauts & Puissans Seigneurs, Messires Jacques Antoine de Bauffremont, Marquis de Listenois, Baillif d'Aval, Chevalier en la Cour, & Louis Benigne de Bauffremont, ses petit-fils, pupilles, *&c.*

Jacques Antoine est l'oncle paternel du Suppliant; & Louis Benigne de Bauffremont est son pere.

Cotte LXII. Inventaire fait à Gray en la place publique d'icelle, le Samedy 12e. jour d'Août 1653, par-devant M. Jean Brun, Docteur ès Droits, Conseiller en la Cour souveraine de Parlement à Dole, où Claude de Bauffremont est qualifié illustre & puissant Seigneur & Gouverneur Général de Bourgogne, *&c.*

Cotte LXIII. Extrait d'appointement du 19. Février 1703, par-devant le Lieutenant Général du Baillage d'Orgelet, où Jacques Antoine de Bauffremont, oncle du Suppliant est qualifié de Haut & Puissant Seigneur.

Sous même Cotte, Requête d'emploi répondue le 8. Décembre, signifiée le 15. Janvier 1704, par Jacques Henry Goulet, en qualité de curateur administrant les biens d'illustre & puissant Seigneur, Messire Jacques Antoine de Bauffremont, Marquis de Listenois, oncle du Suppliant.

Autre Acte du même sieur Goulet pour le même, des 7. & 26. Janvier, avec les mêmes noms & qualités d'illustre & puissant Seigneur.

Autre Acte appointé pour le même, par le même, avec les mêmes qualités, du 19. Avril 1705.

Autre Acte pour le même sieur Goulet, pour le même Jacques-Antoine de Bauffremont, avec les mêmes qualités; toutes les pieces ci-dessus sous même cotte.

Extrait des Registres du Bailliage d'Orgelet des 13. Mars 1722, 28. Août suivant, & 12. Décembre de la même année, entre son Excellence Louis-Benigne de Bauffremont, Chevalier de la Toison d'Or, Brigadier des Armées du Roy, Mestre de Camp d'un Régiment de Dragons de son nom, Seigneur du Duché de Pontdevaux, Marquis de Mirebeau, Marnay, Clervaux, Vicomte de Salins & de Marigny, Baron de Durnes, Montsaugeon & autres lieux, *&c.* Cotte LXIV.

Extrait des Registres du Bailliage d'Orgelet du 12 Décembre 1722. entre Son Excellence Louis-Bénigne de Bauffremont; Chevalier de la Toison d'Or.

Extrait des Registres du Parlement du 9. Janvier 1737, qui homologue un échange fait entre Illustrissime & Reverendissime Pere en Dieu, Monseigneur Charles-François d'Hallancourt, Evêque, Comte de Verdun, Abbé Commandataire de l'Abbaye de la Charité; & Joseph Pouhat, Ecuyer, Seigneur de Taland, Avocat en Parlement, & Procureur spécial de Haut & Puissant Seigneur Messire Louis-Benigne, Marquis de Bauffremont, Chevalier de la Toison d'Or, Maréchal des Camps & Armées du Roy, Vicomte de Salins, Grand-Baillif d'Aval, Marquis de Mirebeau, Marnay, Clervaux, Baron de Scey sur-Saône,

Saône, Seigneur du Duché de Pontdevaux & autres lieux, pere du Suppliant; toutes les pieces ci-dessus sous même cotte.

Cotte LXV. Contrat de mariage de Haut & Puissant Seigneur Messire Pierre de Bauffremont, Marquis de Listenois, Baillif d'Aval, *&c.* assisté & autorisé de très-Haut & très-Puissant Seigneur, Messire Henry de Durfort, Duc de Duras, *&c.* au nom & comme Procureur spécial de Haut & Puissant Seigneur Messire Charles-Louis de Bauffremont, Marquis de Meximieux & de Listenois; & de Haute & Puissante Dame, Dame Louise-Françoise de Bauffremont son épouse, pere & mere dudit Marquis de Listenois; *&c.* d'une part, & Dame Antoinette de Bauclaire, *&c.* stipulante en cette partie pour Demoiselle Marie Des Barres sa fille, à ce présente & de son consentement, *&c.* en la présence & de l'agrément du Roy Louis XIV. qui a signé avec la Reine, le Dauphin, la Dauphine, & tous les Princes dénommés dans le contrat du 12. Avril 1680.

Cotte LXVI. Contrat de mariage de très-Haut & très-Puissant Seigneur Messire Louis Benigne, Marquis de Bauffremont, Chevalier de la Toison d'Or, fils de très-Haut & très-Puissant Seigneur Messire Pierre de Baufremont, Chevalier, Marquis de Listenois; & de très-Haute & très-Puissante Dame Madame Marie Des Barres son épouse, & àprésent sa veuve, & ses pere & mere d'une part; & très-Haut & très-Illustre Prince Louis-Charles de Courtenay; & très-Haute & très-Puissante Princesse Madame Hélene de Besançon son épouse

épouſe qu'il autoriſe à l'effet des préſentes, ſtipulant en cette partie, pour très-Illuſtre Princeſſe Hélene de Courtenay leur fille, à ce préſente & de ſon conſentement, *&c.* leſquelles parties pour raiſon du futur mariage d'entre ledit Seigneur de Bauffremont & ladite Demoiſelle, Princeſſe de Courtenay, ont reconnu avoir fait les promeſſes & conventions qui en ſuivent, *&c.* A Paris le 16 Février 1712. C'eſt le mariage du pere & de la mere du Suppliant.

10 Octobre 1655. Teſtament collationné & légaliſé, contrôlé & ſcellé, de Haute & Puiſſante Dame Deſle * de Bauffremont, ainſi qualifiée dans l'ouverture de ſon teſtament après ſa mort, femme & compagne de Haut & Puiſſant Seigneur Meſſire Jean de Joulx, dit de Watteville, Marquis de Conflans, depuis Chevalier de la Toiſon d'Or en Eſpagne, arriere-grande-tante paternelle du Suppliant. Cotte LXVII.

Le Suppliant auroit pu produire une infinité d'autres titres tous auſſi déciſifs que ceux-ci, mais le tems qu'il lui auroit fallû employer pour les chercher & les faire mettre en ordre, auroit pû nuire à l'affaire qu'il a contre la Comteſſe de Montrevel; c'eſt pourquoi il ſe contente de ceux-ci, qui prouvent indubitablement le droit que lui & ſes auteurs ont toujours eû de ſe qualifier dans tous les tems des titres les plus relevés, pour lors en uſage. Il ne doute pas qu'après une preuve auſſi complette, Meſſieurs de la Chambe & Cour des

* *Deſle* ou plutot *Déèle*, c'eſt le féminin de *Déel.* S. Déél, (Deicola), Abbé de Lure en Franche-Comté, dont on célebre la Fête le 18 de Janvier. *Voyez* le Martyrologe Romain traduit en François. A Paris chez Léonard 1709. *in*-4°.

Comptes ne le confirment dans un droit auſſi ancien & auſſi conſtamment obſervé en tous les Tribunaux de cette Province, à l'égard de ceux de ſon nom.

Cotte LXVIII. Lettres de Monſeigneur Liebaut de Bauffremont pour repriſe de Fief, où il eſt qualifié de Sire, qualité la plus éminente dans ces tems reculés. Ces Lettres ſont du mois de Septembre 1226.

Cotte LXIX. Hiſtoire d'André Du Chêne, l'un des plus célebres Hiſtoriens, & des plus ſûrs pour les Généalogies. Il rapporte le Teſtament de Robert Duc de Bourgogne. Dans ce Teſtament le Duc veut que la Ducheſſe ſa femme ſe conduiſe par le conſeil de Monſeigneur Jean de Choiſeul Connétable de Bourgogne, de Monſeigneur Jean de Vergy, Seigneur de Fonvens, Senechal, & de Monſeigneur Liebaut de Beffroimont, Maréchal de Bourgogne; qu'il a qualifiés tous trois de ſes chers Couſins. Dans ces tems-là cette qualité n'étoit point un titre d'honneur, elle ſe donnoit à la naiſſance. Le Duc Robert & Liebaut de Bauffremont étoient en effet couſins iſſus de germains. Alix de Vergy, Ducheſſe de Bourgogne étoit tante paternelle d'Agnes de Vergy mere de Liebaut & femme de Philibert de Bauffremont.

Ce Liebaut eſt le douzieme ayeul paternel de M. de Bauffremont.

Cotte LXX. Un extrait de la Chambre & Cour des Comptes de l'année 1615, & des recez des Etats de la Province, où il eſt dit article 9, au ſujet des titres & qualités que pluſieurs s'attribuoient & uſurpoient mal à propos & ſans mérite, & qu'il convenoit d'y être pourvû par

Edit; que les Souverains étoient ſuppliés de faire à ce ſujet ſur les remontrances de la Nobleſſe. On lit en effet en tête :

Remontrances de la Nobleſſe qui ſupplie Leurs Excellences Séréniſſimes, d'ordonner qu'il ne ſoit loiſible à qui que ce ſoit de ſe qualifier Noble s'il ne l'eſt d'ancienneté ou par Patentes du Prince; que nul ne pourra ſe qualifier d'Illuſtre, Haut & Puiſſant Seigneur, s'il n'eſt iſſû de Maiſon tenue de toute ancienneté pour Illuſtre & Principale; que nul ne puiſſe ſe faire traiter de Meſſire s'il n'eſt Chevalier, *&c.* & en marge de cet article les Souverains y ont mis par apoſtille :

Il requiert par le placard du feu Roy Philippe, publié en 1595. Il y ſera encore pourvû plus amplement par autre placard qui ſera fait ci-après, ſigné à Bruxelles, le 14. Septembre 1615. Albert & Iſabelle, & plus bas par ordonnance de Leurs Alteſſes. Verreiken.

Ne voit-on pas que l'Edit de 1626. qui n'eſt rapporté que par fragment dans le recueil des Edits de la Province, n'a été fait que ſur leſdites remontrances, ce qui ſe reconnoîtroit s'il avoit été tranſcrit en entier ? & eſt-il préſumable que les Archiducs faiſant droit ſur des remontrances, euſſent voulu les changer totalement, dumoins l'article concernant les qualités d'Illuſtres, Hauts & Puiſſans Seigneurs, que l'on avoit repreſenté ne devoir être données qu'à ceux des Maiſons tenues de toute ancienneté pour Illuſtres & Principales ; & que ces mêmes Souverains euſſent voulu les dépouiller d'une qualité que l'on leur donnoit dans les récez & ſous leurs yeux, depuis plus de deux ſiecles ; enfin, pourroit-on croire que ces mêmes Souverains euſſent fait un Edit qui eût prohibé de prendre ces qualités, & de rester dans le silence à la vue des récez postérieurs qui leur étoient présentés, où les Grands de la Province, tels que Messieurs de Bauffremont & des Seigneurs de pareilles Maisons y étoient qualifiés de Haut & Puissant Seigneur, par les Etats même, n'auroit-ce pas été une dérision ?

Cotte LXXI. Finalement l'extrait de l'Arrêt rendu en la Chambre & Cour des Comptes le 22 Mars 1753. sur la Requête presentée par Monsieur le Marquis de Bauffremont, tendante à faire les foy & hommage au Roy pour la Terre & Seigneurie de Faucogney, qui lui ordonne de justifier dans six semaines, de la qualité qu'il a prise de Haut & Puissant Seigneur, signé Loys, collationné, signé Ballezaux.

C'est pour satisfaire à cet Arrêt que M. de Bauffreomnt a produit tous les titres ci-dessus. Les archives de sa Maison en sont remplies, mais ce qu'il produit est plus que suffisant pour convaincre que la défense portée par l'Edit de 1626 n'a jamais pû regarder ceux de son nom.

Le présent inventaire cotté soixante-treize. Fait à Dole ce 27 Mars 1753, signé Lachiche, avec paraphe.

Cotte LXXII. L'on produit encore la grosse du testament de Claude de Vergy, Baron & Seigneur de Fonvans, du 9 Septembre 1525, à la suite de laquelle est un acte où l'on reconnoît que Claude de Bauffremont Abbé de Balerne y est qualifié d'Illustre & Reverend Seigneur, & signé Lachiche. Produit au Greffe de la Cour avec les pieces y mentionnées, le 26 Mars 1753, signé Badoulier.

Le présent inventaire avec les pieces y mentionnées ont été retirés le 31 Mars 1752. Signé Badoulier.

ARREST
DE LA
CHAMBRE DES COMPTES
DE DOLE,

QUI maintient Louis de Bauffremont, *dans le droit de prendre les qualités d'Illustre, de Haut, de Puissant, très-Haut, très-Illustre, & très-Excellent Seigneur, tant en Jugement que dehors, après production de titres qui sont visés dans cet Arrêt.*

Du 30 Mars 1753.

Extrait des Minutes de la Chambre & Cour des Comptes, Aydes, Domaines, & Finances du Comté de Bourgogne.

VU la Requête présentée à ladite Chambre & Cour, par haut & puissant Seigneur, Messire Louis, Marquis de Bauffremont & de Listenois, Chevalier, Lieutenant Général des Armées du Roi, Gouverneur de Seissel, & Mestre de Camp d'un Régiment de Dragons de son nom, tendante à justifier de sa qualité de Haut & Puissant Seigneur, ainsi qu'il lui avoit été ordonné par ladite Cour, par son Arrêt du 22. du courant, sur Requête à elle présentée par ledit Exposant, tendante à rendre au Roi les foi & hommage qui lui ſont dûs par rapport à la Terre & Seigneurie de Faucogney, en qualité d'époux & exerçant les droits de haute & puiſſante Dame, Dame MARIE SUZANNE SIMONNE FERDINANDE DE TENARRE MONTMAIN; laquelle Terre lui étoit échûe par le décès de Dame Anne Joſephe Ferdinande de Grammont, Douairiere de Meſſire Henry François de Ténarre, Marquis de Montmain, Lieutenant Général des Armées du Roi, & Gouverneur de Seiſſel: par lequel Arrêt il lui avoit été ordonné ladite juſtification dans ſix ſemaines. Ladite Requête en juſtification contenant ce qui ſera ci-après inſéré, jointe aux titres juſtificatifs & à l'inventaire d'iceux; ladite Requête préſentée par ledit Louis, Marquis de Bauffremont, ſous les avantdites qualités, expoſitive que s'il eſt de l'équité & du bon ordre d'empêcher l'uſurpation des titres & qualités qui diſtinguent la haute nobleſſe, il n'eſt pas moins juſte & convenable de les conſerver aux maiſons à qui ils ſont légitimement acquis par leur naiſſance & par une poſſeſſion de tout tems, telle que l'eſt ſans contredit la Maiſon de l'Expoſant, également renommée par ſon ancienneté, ſa grandeur, par les premieres dignités dont elle a toujours été revêtue, par les importans ſervices qu'elle a rendus à l'Etat, & par les alliances par elles contractées avec les Souverains. L'Expoſant, aîné de cette Maiſon, pour ſatisfaire à l'Arrêt de la Cour produira ſes titres, ſe contentant de rappeller quelques principes ſur la matiere des titres & qualités. La poſſeſſion immémoriale, ſuivant le diſpoſitif des Loix, tient lieu de titres au beſoin; elle l'emporte même ſur le droit commun, & ſur la préſomption que l'on en tire, ayant l'effet du privilége même, le suppléant ou le faisant présumer, lorsqu'il est nécessaire pour acquérir quelque droit.

Les droits de se qualifier de haut & puissant Seigneur pouvant s'acquérir par la possession immémoriale jointe à la haute naissance, il n'est plus besoin de la présomption du privilége; la qualité est conforme à l'objet: les Edits de nos anciens Souverains des 30. Juillet 1626. & 14. Juillet 1650, sont entierement conformes à ces principes; ils sont trop avantageux à la cause de l'Exposant pour les passer sous silence. Les recès des Etats de 1615, dont l'original repose aux Archives de la Cour, se trouve conforme à ces Edits, portant que leurs Altesses Sérénissimes seront suppliées d'ordonner qu'il ne sera loisible à qui que ce soit, de se qualifier noble, s'il ne l'est d'ancienneté ou par Patentes du Prince.

Que nul ne pourra se qualifier de haut & puissant Seigneur, s'il n'est issû de Maison tenue de toute ancienneté pour illustre & principale. Que nul ne se puisse traiter de Messire, *&c.* l'apostille contenant la réponse de leurs Altesses porte: *Il est en partie pourvû à ce qu'ici se requiert par le Placard du feu Roi Philippe, en l'an 1595: il y sera encore pourvû plus amplement par autre Placard qui se fera ci-après.* Qu'à ces mêmes Etats parurent les Fiscaux du Parlement qui ne firent aucune réclamation sur le titre des Maisons illustres, pour y être qualifiées du titre dont l'Exposant entend justifier: pour quoi il devoit encore être pourvû plus amplement sur les remontrances de la Noblesse: ce fut l'Edit du mois de Juillet 1626. L'article 325. de la ſuite des anciennes Ordonnances qui en fait partie, eſt le premier titre concernant les qualités d'illuſtre, puiſſant, haut, & généreux Seigneur qui diſtinguent la haute Nobleſſe, l'article 326. parle des titres de Marquis, Comte, Vicomte, & Baron; & le ſuivant de ceux de Chevalier, Ecuyer & Noble, avec défenſes à tous d'uſurper, s'attribuer, & de s'approprier aucune de ces qualités, à moins qu'elles ne leur appartiennent par commiſſion du Prince, ou par l'ancienneté de leur naiſſance, & par une poſſeſſion plus que centenaire; quoique cette derniere clauſe ne ſoit pas rapportée dans l'article 325. à l'égard du titre de haut & puiſſant Seigneur, elle n'y eſt pas moins renfermée: pour s'en convaincre, il ſuffit que cet Edit ait été rendu ſur la Requête & ſur les remontrances de la Nobleſſe, qui demandoit ſeulement que nul ne ſe puiſſe qualifier d'illuſtre, haut, & puiſſant Seigneur, s'il n'eſt iſſû de maiſon de toute ancienneté tenue pour illuſtre & principale; que ces derniers termes ont une conſéquence ultérieure, par laquelle l'Edit permet à ceux qui ſont iſſûs de ces Maiſons, de continuer de prendre leſdits titres: d'autre part, l'objet de l'Edit n'étoit pas moins de diſtinguer la Nobleſſe du Peuple, que les différens ordres de la Nobleſſe ſimplement titrée, & cette derniere de la Nobleſſe ordinaire, d'où ſe tirent les différens titres qui les caractériſent, & la défenſe de les uſurper: pour ne pas les confondre, ce même Edit admet une haute Nobleſſe, & avec ce, les titres qui lui ſont propres; ſans leſquels elle ſeroit ſouvent confondue avec la Nobleſſe nouvellement tirée. Nos Princes n'ont jamais voulu rabaiſſer ainſi & dégrader

grader la premiere Nobleſſe, appuy principal de leur Couronne, ſingulierement à l'égard de cette Province, qui éloignée de leurs autres Etats ne pouvoit ſe conſerver que par elle-même, & n'avoit de reſſource en cas d'attaque que dans les illuſtres & puiſſantes Maiſons en état de commander l'armée, de fournir aux dépens de la guerre. Tels étoient les motifs qui portoient les Souverains à récompenſer le mérite & à conſerver les honneurs. Il ne reſte donc plus à l'Expoſant qu'à juſtifier une poſſeſſion immémoriale de haut & puiſſant Seigneur. Il le vérifiera par les pieces ci-après mentionnées; on y verra même que les qualités de Baron, de Sire, de Chevalier, & de Monſeigneur ſignifioient Grand-Seigneur & Seigneur par excellence; que ces titres étoient attribués à la haute Nobleſſe & ſervoient à la diſtinguer; qu'alors la Maiſon de l'Expoſant prenoit & recevoit ces qualités, que ſes Souverains les lui donnoient; que ſes Officiers les lui paſſoient; que les Seigneurs de cette Maiſon étoient qualifiés en 1276. de Couſins par les Ducs de Bourgogne, titre qui ne ſe donnoit en ce tems-là qu'à la proche parenté; que la Maiſon du Suppliant n'a ceſſé de prendre le titre de haut & puiſſant Seigneur; qu'il lui a été donné par les Procureurs Généraux du Parlement de cette Province; que la Maiſon de l'Expoſant eſt alliée & deſcend de preſque toutes les Maiſons Souveraines de l'Europe, & conclud à l'emploi du contenu en cette Requête, de l'inventaire & actes mentionnés en icelui & joints. En conſéquence, d'être maintenu & gardé dans le droit & poſſeſſion de prendre & recevoir, tant en jugement que dehors, le titre de haut & puiſſant Seigneur, ainſi que ces auteurs l'ont pris & reçû, & en outre d'être admis à rendre au Roi les foi & hommage pour la Terre & Seigneurie de Faucogney, conformément à la demande qu'il en avoit formée par-devant la Cour, par la Requête ſur laquelle eſt intervenu l'Arrêt du 22 du courant; & quant aux titres produits par l'Expoſant, ce ſont ceux qui ſuivent le Mémoire Généalogique de la très-Illuſtre Maiſon de Bauffremont, dreſſé par le ſieur Daudeux, ſur titres autentiques retrouvés dans les Archives du Préſident de Montureux, & par lui remis à l'Expoſant, ainſi qu'il en conſte, par Acte reçu de Guillemet, Notaire à Beſançon, dûement controllé & légaliſé; ladite Généalogie de Bauffremont commençant par Frédéric de Bauffremont, iſſu de Bauffremont Roi élu des Bourguignons, qui épouſa une fille du Roi Gondioch de Bourgogne, nommée Gondentia. Elle portoit pour armoiries d'azur au Chat d'argent, qu'il avoit pris pour ſymbole ou hyérogliphique de la liberté naturelle à cette nation, dont pluſieurs branches, parmi leſquelles ſont les Maiſons de Bauffremont, Senecy, & celles de la Maiſon dudit Expoſant actuellement ſubſiſtante.

Procès-verbal de compulſoire fait par-devant Meſſire Pierre Louis de Chaillot, Conſeiller au Parlement de Beſançon le 6. Juillet 1685. à la requête de haute & puiſſante Dame Dame Louiſe de Bauffremont, Douairiere de ſon Excellence le Seigneur Marquis de Meximieux, contre le Procureur Général en ladite Cour de Parlement, de deux pieces dont elle demandoit expédition de mot à autre, l'une de 287. contenant ces mots « Robert Duc de Bourgogne à notre amé

& féal Coufin, Monfeigneur Liébaut, Sire de Bauffremont, &c. le jour de la Fête Saint-Benoît, & l'autre de l'an 1298, « à noble Baron & fage, & à fon » amé Seigneur, Monfeigneur Liébaut, Seigneur de » Bauffremont, tenant le Comté de Bourgogne de par » le Roi de France, le Lundi après huitaine de Pentecôte »; lefquels titres font compulfés enfuite dudit Procès-verbal.

Le teftament de Madame Mahaut de Poligny, époufe en premieres noces de Meffire Huart de Bauffremont; où elle eft qualifiée de noble Dame Madame, & fes mari & enfans qualifiés de Chevaliers ; ledit Teftament en date du Mardi après Paques-Fleuries, de l'an 1311.

Copie collationnée & figurée de plufieurs titres de la Maifon de l'Expofant, des années 1460, 1475, 1485, 1352, 1353, 1411, 1302, 1325, 1346, 1312, 1305, 1312, & 1565; dans le premier defquels Philippe le Bon, Duc de Bourgogne, qualifie Pierre de Bauffremont, Comte de Charny, fon amé & féal Coufin & Sénéchal de Bourgogne; & dans tous les autres titres les Bauffremont y mentionnés font qualifiés de Chevalier & Seigneur, Capitaine & Commandant.

Tranfaction faite entre Monfeigneur Perron de Bauffremont, Abbé de Lure, & les Religieux dudit Couvent, en date du Mardi avant la Fête Saint-Denis, l'an 1,17.

L'état des hauts Barons qui furent mandés par le Roi Jean au vingt-cinquieme Août 1352, extrait du tréfor des Chartes de Paris, figné de M. Joly de Fleury, Procureur Général du Parlement, Garde defdites

Chartes, titres, & papiers de la Couronne, auquel état & rolle y est nommé Monsieur Liébaut de Bauffremont, le quinzieme d'iceux, & avant beaucoup d'autres Seigneurs & Princes.

Le Testament de Catherine de Dammartin, en date du 7. Décembre 1487, dont l'original repose à la Bibliotheque de Saint-Vincent à Besançon, ainsi qu'il en conste par le certificat y joint, par lequel Testament, Pierre de Bauffremont est qualifié de noble & puissant Seigneur, Messire.

Le Contrat de vente d'une Maison située à Scey sur Saône, en date du Samedi devant la Toussaint de l'an 1422, faite par Guénégon d'Autel, veuve de noble & puissant Seigneur, Monsieur Jean de Bauffremont, Chevalier & Seigneur.

Accord fait entre les Habitans & Communauté de Scey sur Saône, & Noble & Puissant Seigneur, ledit Seigneur dud. Scey sur Saône, en date du 2. Juillet 1436.

Testament d'Agnès de Bauffremont du 9. Juillet 1440, par lequel elle se qualifie de Fille de noble & puissant Seigneur, Messire Pierre Seigneur de Bauffremont & de Rupt, femme de noble Seigneur Jean de Rupt & d'Autincourt, & elle y dénomme sa mere de Dame Béatrix du Châtelet, jadis fille de feu Messire Regnauld du Châtelet.

Erection de la Terre de Charny en Comté, en date du mois de Sept. l'an de grace 1471, en faveur de Pierre de Bauffremont, Chevalier, Conseiller, Chambellan.

Le dénombrement donné par Jean de Bauffremont, en date du 5. Mars 1585, où il est qualifié de haut & puissant Seigneur, Chevalier de l'Ordre d'Alcantara d'Espagne, Gentilhomme de la bouche de Sa Majesté.

Traité de mariage entre Haut & Puiſſant Seigneur Georges Epaminondas de Bauffremont, Gentilhomme ordinaire du Roy d'une part; & Haute & Puiſſante Dame, Dame Guillemette de la Mark, veuve de feu Haut & Puiſſant Prince Meſſire Jean de Luxembourg, en date du 28. Juillet 1585.

La Repriſe de Fief, faite à Monſieur de Vergy pour Sa Majeſté, par Haut & Puiſſant Seigneur, Meſſire Jean de Bauffremont, de la Terre & Seigneurie de Clervaux, en date du 5. Septembre 1584.

Don de la Ducheſſe de Bourgogne intitulé : A notre amé & féal Meſſire Huart de Bauffremont, Chevalier, de ſoixante livrées de terre, en date à Veſoul du Vendredy après la Fête Ste Lucie, l'an 1336. A la ſuite eſt la confirmation d'icelui, en date à Rome du 1er Janvier 1346.

Lettres d'abolition de Lettres de défiance, par leſquelles Pierre, Seigneur de Bauffremont & de Rupt notifie à tous, que combien avant la guerre qui a été entre le Roy notre Seigneur, & Haut & Puiſſant Prince, Monſieur le Duc de Bourgogne, il eût envoyé certaines lettres par maniere de défiance. (*Défi*) à Monſeignenr de Bourgogne, leſquelles, & tout ce qui s'en étoit enſuivi, ſont demeurées nulles & abolies par le traité de la paix; & afin que perſonne n'y faſſe quelque doute ou difficulté, il réputoit leſdites Lettres de défiance pour abolies & nulles; icelles en date du 24. Sept. 1436.

L'Extrait du recez des Etats de la Franche-Comté, tenus en 1654, dans lequel à l'aſſemblée de la Nobleſſe, Claude de Bauffremont y eſt qualifié très-Illuſtre, Seigneur, Meſſire, Baron de Scey, du Conſeil de Guerre

& puissant Seigneur, Charles Louis de Bauffremont, Marquis de Meximieux, du Conseil secret de Sa Majesté Catholique, Gouverneur du Comté de Bourgogne, & de haute & puissante Dame Dame Marguerite de Poligny, Marquise, Vicomtesse, Barone desdits lieux, d'une part, *&c.* & Damoiselle Louise Françoise de Bauffremont, fille de haut & puissant Seigneur, Messire Joachim de Vienne, dit de Bauffremont, Marquis de Listenois, Baron de Clervaux, *&c.* & de haute & puissante Dame Dame Marguerite de Rye, sa femme.

Contrat de vente de la Terre de Meximieux en date du 25. Mars 1650, par illustre & excellent Seigneur, Messire Claude de Bauffremont, Chevalier du Conseil secret de Sa Majesté, *&c.* tant en son nom que de Dame Dame Marguerite de Poligny sa femme, & de Messire Charles Louis de Bauffremont leur fils, à Messire Claude de Montgesson, Seigneur dudit lieu.

Prise de possession de la Charge de Baillif d'Aval par haut & puissant Seigneur, Messire Claude Paul de Bauffremont, Marquis de Listenois, en date du 14. Septembre 1660.

Cinq copies de défenses fournies dans un procès, le 2. Juillet 1663, pendant au Parlement de cette Province, entre illustre & puissant Seigneur, Messire Charles Louis de Bauffremont, Marquis de Meximieux, Général de Bataille pour Sa Majesté, contre Antoine Masson & Jacques Bardey de Montgesson, Défendeurs, & autres Parties.

Ecritures d'accordances dans un Procès pendant au Parlement de cette Province, entre illustre & puisſant Seigneur, Charles Louis de Bauffremont, Marquis de Meximieux, impétrant en matiere de confection de terrier & reconnoiſſance de cens de Meix-Saillard & autres, ſituées riere les finages & Villages de Soiria, membres dépendans de la Seigneurie de Clervaux, contre pluſieurs particuliers y dénommés, produites le 12. Août 1664.

Arrêt du Parlement de cette Province, en date du 7. Janvier 1650, entre illuſtre, haut, & puiſſant Seigneur, Meſſire Claude de Bauffremont, du Conſeil de Guerre ſecret de Sa Majeſté, Baron de Scey ſur Saône, Gouverneur Général de Bourgogne, impétrant par bénéfice d'inventaire, & demandeur en proviſion contre haute & puiſſante Dame Dame Marguerite de Rye, Marquiſe de Liſtenois.

Inventaire des pieces produites par-devant le Parlement de cette Province, dans un Procès y pendant entre Illuſtre & Puiſſant Seigneur Meſſire Claude-Paul de Bauffremont, Marquis de Liſtenois en qualité d'originel Opoſant & Demandeur en incident contre Jean-Baptiſte Maſſon de Poligny, Docteur ès Droits, le 26. Janvier 1666.

Ecritures données dans un Procès pendant au même Parlement entre Illuſtre & Puiſſant Seigneur, Meſſire Charles-Louis de Vienne de Villelume, dit de Bauffremont, Marquis de Meximieux & de Liſtenois, Général de Bataille des Armées de Sa Majeſté, Demandeur en confection de terrier & reconnoiſſance des vieux Saillard, ſitués au territoire de Soyria, produites le 26. Mars 1664.

Requête préſentée au Parlement de cette Province

par Illustre & Puissant Seigneur, Messire Charles-Louis de Vienne de Villelume, dit de Bauffremont, tendante à avoir un Commissaire au lieu du Conseiller Philippe, icelle répondue le 8. Août 1667.

Autre Placet présenté au Conseiller Philippe par Illustre & Puissant Seigneur, Messire Charles-Louis de Vienne de Villelume dit de Bauffremont, Marquis de Meximieux, Baron de Scey-sur-Saône, Clervaux, *&c.* Général de Bataille pour Sa Majesté, tendante à avoir permission d'assigner Jean-Baptiste Courtois en reprise d'instance, ledit Placet répondu le 5. Février 1667.

Requête présentée à la Cour de Parlement à Dole, par Son Excellence, Illustre & Puissant Seigneur, Messire Charles-Louis de Bauffremont, Marquis de Meximieux, Chevalier de la Toison d'Or, tendante à avoir permission pour assigner ses sujets de la Baronie de Clervaux, à l'effet d'être condamnés à lui payer l'imposition de quatre frans & demi par feu, sur tous les Habitans Manans & Résidens èsdites Terres & Seigneuries, icelle répondue le 12. Septembre 1670, à la suite de laquelle sont les assignations, Jugement par défaut rendu en la Chambre de Justice établie à Besançon, entre Son Excellence le Marquis de Meximieux contre les Habitans de Cogna, le 7. Janvier 1671.

Arrêt rendu au Parlement de Besançon, ordonnant exhibition de pieces entre Joseph la Croix, Tailleur de Lyon, contre Illustre & Puissant Seigneur, Messire Charles-Louis de Bauffremont, Marquis de Meximieux, en date du 20. May 1677.

Pieces d'écritures produites par-devant la Chambre

de Justice en un Procès y pendant, entre Son Excellence Illustre & Puissant Seigneur Messire Charles-Louis de Vienne, dit de Bauffremont, Marquis de Meximieux, Chevalier de la Toison d'Or, Général de Bataille des Armées de Sa Majesté, Impétrant en nouvelle reconnoissance contre Jean Cordelier de Clervaux-le-viel, Défendeur, produites le 20. Janvier 1672.

Pieces d'écritures en un Procès pendant au Parlement, entre Illustre & Puissant Seigneur, Son Excellence Messire Louis de Bauffremont, Marquis de Meximieux, Chevalier de l'Ordre de la Toison d'Or, Marquis de Clervaux en cette qualité de Demandeur d'une part, contre Léonard Rigaud & Valadon Défendeurs, exhibés le 18. Janvier 1617.

Arrêt rendu au Parlement de Besançon le 4. May 1677, dans une cause y pendante, entre Joseph la Croix, Tailleur à Lyon, contre Illustre & Puissant Seigneur Charles-Louis de Bauffremont, Chevalier de la Toison d'Or, Marquis de Meximieux; autre Arrêt rendu audit Parlement le 20. May 1677, entre Rémond Ardouin de Lyon, contre Illustre & Puissant Seigneur Messire Charles-Louis de Bauffremont, Marquis de Meximieux; & Illustre Dame, Dame . . . . . de Bauffremont, sa femme & compagne.

Enquête faite le 8. Avril 1678, par Noble Etienne Doroz, Lieutenant Local au Baillage de Poligny, contenant, qu'ensuite des ordres à lui adressés de la part de Son Excellence Illustre & Puissante Dame, Dame Louise-Françoise de Bauffremont, Marquise de Meximieux, femme & compagne de Son Excellence, Illustre, Haut & Puissant Seigneur Charles-Louis de Sa Majesté; & dans un autre endroit, Charles-Louis de Bauffremont est qualifié d'Illustre Marquis de Meximieux.

Reprise de Fief faite par Gerard de Marnix, Baron & Seigneur de Poitte, en qualité de Procureur spécial de Noble & Genereux Seigneur Messire Jean de Bauffremont, Chevalier de l'Ordre d'Alcantara, Gentilhomme de la bouche de Sa Majesté, de la Seigneurie de Clervaux, par-devant Messire François de Vergy, commis à recevoir ladite foy & hommage, en date du 10 Novembre 1584.

Contrat de vente de la Terre d'Aumont, faite par Illustre & Excellent Seigneur, Messire Claude de Bauffremont, Chevalier du Conseil de Guerre de Sa Majesté à titre de rachat de douze années à Messire Louis Maître, en date du 6. Septembre 1648.

Contrat de vente de la Terre & Seigneurie de Pleure, faite par Son Excellence très-Illustre & Puissant Seigneur Messire Claude de Bauffremont, Baron de Scey sur Saône ; à Luc Maréchal, Seigneur de Vesey, & à François Maréchal, Seigneur de Bourgey, du 24. Novembre 1662, à la suite duquel est la ratification faite par Illustre Dame, Dame Françoise de Bauffremont, femme & compagne d'Illustre & Puissant Seigneur, Charles-Louis de Bauffremont, Marquis de Meximieux, Général de Bataille & Armées de Sa Majesté, en date du 4. Mars 1663.

Acte de foy & hommage fait à François de Vergy pour Sa Majesté, par Louis de Civria, des Terres de Durne, Chatelneuf & Villafans, par lui acquises de Haut & Puissant Seigneur Messire Jean-François de

Bauffremont, Baron & Seigneur de Clervaux, *&c.* en date du mois d'Octobre 1570, à la suite duquel est une procuration faite à Jean Roy de Noseroy, en date du 11. Octobre même année, & le Contrat de vente faite par ledit Haut & Puissant Seigneur Messire Jean de Bauffremont, Chevalier, en date du 12. Oct. 1570.

Reprise de Fief faite à la personne de François de Vergy par Gerard de Marnix, Procureur spécial de Noble & Genereux Seigneur Messire Jean de Bauffremont, Chevalier de l'Ordre d'Alcantara, Gentilhomme de la bouche de Sa Majesté, du 6. Novembre 1684.

Procuration de Haut & Puissant Seigneur Messire Anne de Vienne, dit de Bauffremont, Chevalier de l'Ordre du Roy, Marquis d'Arc-en-Barrois; & Dame Dame Marie d'Orgemont son épouse, de lui autorisée à Gui Petit, Procureur à Chatillon pour faire faire l'insinuation, contrôle & ratification de leur contrat de mariage, en requerir acte, *&c.* en date du dernier Juillet 1586.

Contrat de mariage fait entre Noble Seigneur Guillaume de Bauffremont, fils de Haut & Puissant Seigneur Messire Jean de Bauffremont, Chevalier de l'Ordre d'Alcantara, Gentilhomme de la bouche du Roy, & de Haute & Puissante Dame, Dame Béatrix de Pontailier d'une part; & Damoiselle Claude de Villelume, fille de Noble & Genereux Seigneur Chrétien de Villelume, Seigneur de Montsaugeon, *&c.* & de Noble & Genereuse Dame, Dame Claude Philippe de la Chambre, en date du 1er Octobre 1588.

Compulsoire du Contrat de mariage d'entre Illustre Haut & Puissant Seigneur, Messire Joachim de Vienne, dit de Bauffremont, Chevalier, Marquis de Liſtenois; & Damoiſelle Marguerite de Rye, fille aînée de Haut & Puiſſant Seigneur, Meſſire Chriſtophe de Rye de la Palud, Chevalier de la Toiſon d'Or, en date du 13 Janvier 1619. Ledit Compulſoire fait par-devant Meſſire Jean-Baptiſte Pouhat, Conſeiller au Parlement de Beſançon, le 21. May 1686, à la requête de Haute & Puiſſante Dame, Dame Louiſe-Françoiſe de Bauffremont, Marquiſe de Meximieux, où a comparu le Procureur-Général audit Parlement ſur l'aſſignation à lui donnée, à la ſuite duquel Contrat de mariage ſont les Lettres tranſcrites, portant adreſſe, l'une au pere, l'autre à la mere de ladite Demoiſelle de Rye, par Albert & Iſabelle, Souverains de cette Province, où leſdits ſieur & Dame de Rye ſont qualifiés de Couſin & de Couſine, & portent l'approbation dudit Contrat de mariage, icelles en date du 13. Janvier 1619.

Traité touchant les Seigneuries de Scey-ſur-Saône, d'Urne, Villafans-le-neuf, fait entre Haut & Puiſſant Seigneur, Meſſire Jean de Bauffremont; & Genereux Seigneur, Guillaume de Bauffremont ſon fils, Sieur de Sombernon, en date du 11. Juillet 1595.

Une Requête préſentée à la Cour de Parlement, par Haut & Puiſſant Seigneur, Charles-Louis de Vienne de Villelume, dit de Bauffremont, Marquis de Meximieux & de Liſtenois, tendante à l'homologation d'un traité de partage de biens dont la groſſe y eſt jointe, ladite Requête repondue le ſecond Août 1662, & l'Acte d'enregiſtrement aux actes dudit Parlement de même date.

Un Inventaire de pieces de procedures, produites

par-devant

par-devant le Parlement de cette Province par le Procureur de Haute & Puissante Dame, Dame Louise-Françoise de Bauffremont, douairiere de feu Son Excellence, Messire Charles-Louis de Bauffremont, Marquis de Meximieux, en date du 7. Septembre 1686.

Une Sentence rendue en la Grande Judicature de S. Claude le 13. Décembre 1627, entre le Procureur d'Illustrissime & Reverendissime Seigneur, Messire Ferdinand de Longvy, dit de Rye, Archevêque de Besançon; & Haut & Puissant Seigneur, Messire Joachim de Vienne, dit de Bauffremont, Marquis de Listenois.

Autre Sentence rendue en ladite Judicature le 22. Décembre 1627, entre illustre & révérend Seigneur, l'Archevêque de Besançon, & haut & puissant Seigneur, Messire Joachim de Vienne, dit de Bauffremont, Marquis de Listenois.

Autre Sentence entre les mêmes parties, au même Siege & sous les mêmes qualités en date du 20. Septembre 1624.

Acte de partage fait le 3. Février 1612, par-devant Etienne Masson, Lieutenant Général au Bailliage de Poligny, des biens délaissés par feu haut & puissant Seigneur, Messire Jean de Vienne, dit de Bauffremont, & feue haute & puissante Dame, Dame Béatrix de Pontaillier son épouse par Messieurs leurs enfans.

Testament de haute & puissante Dame, Dame Claude Marguerite de Coligny, femme de haut & puissant Seigneur, Messire Joachim de Vienne, dit de Bauffremont, en date du 4. Avril 1612.

Traité fait entre M. le Baron de Montfort d'une part ; & haute & puiſſante Dame, Dame Marguerite de Poligny, femme d'illuſtre & puiſſant Seigneur, Claude de Bauffremont, Baron de Scey, Conſeiller de Guerre de Sa Majeſté, Gouverneur & Lieutenant-Général du Comté de Bourgogogne ; dans lequel traité il eſt fait mention d'une ceſſion & tranſport fait à illuſtre & puiſſant Seigneur Charles-Louis de Bauffremont, en date du 28. Août 1655.

Tranſaction faite entre illuſtre Claude de Bauffremont, Chevalier, Baron, & Seigneur de Scey ſur Saône, du Conſeil de Guerre de Sa Majeſté, Marquis de Meximieux, Gouverneur Général des Armées de Bourgogne ; & illuſtre Dame, Dame Marquiſe de Liſtenois, & pluſieurs autres qualifiés des mêmes qualités ; icelui en date du premier Septembre 1661.

Arrêt rendu au Parlement de Dole le 16. Avril 1657, entre illuſtre, haut, & puiſſant Seigneur, Meſſire Claude de Bauffremont, Baron de Scey ſur Saône, du Conſeil ſecret de Guerre de Sa Majeſté, & Gouverneur du Comté de Bourgogne, impétrant en bénéfice d'inventaire contre Dame, Dame Deſle * de Bauffremont, Marquiſe de Conflans, & Dame, Dame Louiſe de Bauffremont, Marquiſe de Meximieux.

Arrêt du Parlement de ladite Province du 20. Novembre 1656, contre illuſtre & puiſſant Seigneur, Meſſire Claude de Bauffremont, impétrant par bénéfice d'inventaire, contre Dame Dame Deſle de Bauffremont, Marquiſe de Meximieux, oppoſante.

Contrat de Mariage du 30. Avril 1640, entre haut

* Voyez la Note au bas de la page 33.

de Vienne, dit de Bauffremont, Marquis de Meximieux, Chevalier de la Toison d'Or, *&c.* contenant, qu'il se seroit transporté en la Baronie de Montsaugeon, à l'effet de reconnoître l'antiquité de l'Illustre & Puissante Maison de Villelume, *&c.*

Execution d'arrêt faite par-devant le Parlement de Besançon, en la cause y pendante par évocation entre Haute & Puissante Dame, Dame Anne de Lorraine, Princesse de Lislebonne; Haute & Puissante Dame, Dame Henriette de Cusance & de Vergy, Duchesse d'Arscot & d'Aremberg; Haute & Puissante Dame, Dame Madeleine de Cusance & de Vergy, Comtesse de Bergk, héritiere de Messire Cleriadus de Cusance & de Vergy, Baron de Bauvoye, & par représentation d'icelui de Haut & Puissant Seigneur Messire Cleriadus de Vergy, Comte de Champlitte, Chevalier de la Toison d'Or, Gouverneur du Comté de Bourgogne d'une part; Haut & Puissant Seigneur Messire Henry-François de Foix *, de Condale Duc de Randan, Pair de France, Marquis de Senecey; Messire Alexandre, Marquis de Vieux-Pont; & Damoiselle Jeanne de Vieux-Pont, héritiers de Haute & Puissante Dame, Dame Madelaine de Bauffremont, veuve dudit Seigneur Comte de

* Ce Henry-François de Foix, ici nommé, est le dernier Duc de Foix, fils de Claire de Bauffremont, Duchesse de Randan, Pair de France.

Louis XIV. érigea la Terre de Randan en Duché-Pairie en faveur de Marie-Catherine de la Rochefoucault, veuve de Henry de Bauffremont, Marquis de Senecey, le troisieme de cette branche, Président des Etats Généraux de la Noblesse du Royaume, Chevalier des ordres du Roy, mort au siége de Montpellier sous Louis XIII. Madame de Senecey sa femme étoit Dame d'honneur de la Reine Anne d'Autriche, & Gouvernante du feu Roy Louis XIV. & M. de Foix ne fut Duc que par sa mere Marie-Claire de Bauffremont qui lui porta le Duché-Pairie & les honneurs. *Voyez* le P. Anselme, Histoire des Grands-Officiers de la Couronne.

Champlitte, rentrés en cauſe en ſon lieu & place, défendeurs d'autre part, en date du 15. Avril 1684.

Requête préſentée au Parlement par Haut & Puiſſant Seigneur Meſſire Pierre de Bauffremont, Marquis de Liſtenois, &c. contre Odot Moréal de Poligny, répondue le 11 Août 1684; & deux autres Actes y joints, dés 3. Juillet & 19. Août 1684, dans leſquels led. Pierre de Bauffremont a pris les qualités de Haut & Puiſſant Seigneur.

Aſſignation donnée à la requête de Monſieur le Procureur-Général du Parlement de Beſançon, en vertu d'Arrêt du 10 Septembre 1685, à Haut & Puiſſant Seigneur Meſſire Charles Emanuel de Bauffremont, à Haute & Puiſſante Dame, Dame Marie Des Barres, veuve de Haut & Puiſſant Seigneur Meſſire Pierre de Bauffremont, Marquis de Liſtenois, à Dame Antoinette Bauclaire, veuve de Meſſire Bernard Des-Barres, Préſident-à-Mortier au Parlement de Bourgogne, à Meſſire de Bauclaire, Chevalier, Marquis d'Eſtiaux, à Meſſire de Beauclaire, Chevalier, Seigneur d'Acheres, à Meſſire Du Prat, Chevalier, Marquis de Viteaux, ladite aſſignation en date du 27 dudit mois de Sept.

Copie de défenſes fournies par Haute & Puiſſante Dame, Dame Louiſe-Françoiſe de Bauffremont douairiere de Son Excellence Meſſire Charles-Louis de Bauffremont, contre Jean-Baptiſte Daniel de Beſançon. Autre copie de defenſes en la même cauſe par Meſſire Charles-Emanuel de Bauffremont, Abbé Commendataire des Abbayes de S. Paul de Beſançon, & S. Pierre de Luxeul; & Meſſire Jean Faviere, Conſeiller au Parlement en qualité de tuteur d'Illuſtres & Puiſſants Sei-

gneurs

gneurs Jacques-Antoine de Bauffremont, Marquis de Liſtenois; & Louis-Benigne de Bauffremont, freres, héritiers bénéficiaires de feu Son Excellence Haut & Puiſſant Seigneur Charles-Louis de Bauffremont, Marquis de Meximieux, Chevalier de la Toiſon d'Or: ſavoir ledit Seigneur Abbé de Bauffremont pour une moitié, & leſdits Seigneurs Marquis de Liſtenois, & Louis-Benigne de Bauffremont freres pupiles, par repreſentation de Haut & Puiſſant Seigneur Meſſire Pierre de Bauffremont Marquis de Liſtenois, leur pere, ſignifiées le 25 Avril 1688.

Autres défenſes fournies par haute & puiſſante Dame Dame Louiſe Françoiſe de Bauffremont, douairiere de ſon Excellence, haut & puiſſant Seigneur Meſſire Charles Louis de Bauffremont, Marquis de Meximieux, Chevalier de la Toiſon d'or, ſignifiées le même jour.

Extrait d'Arrêt du Parlement du 17. Avril 1688, portant Ordonnance d'aſſigner ſon Excellence Dame Dame Louiſe Françoiſe de Bauffremont, & des défenſes données en une cauſe pendante audit Parlement entre Jean-Baptiſte Maſſon, impétrant, contre illuſtre Claude Paul de Bauffremont, Marquis de Liſtenois.

Extrait de délibération ſur le procès d'entre Monſieur le Duc de Foix & autres héritiers de haute & puiſſante Dame Dame Madeleine de Bauffremont.

Arrêt du Parlement rendu entre Meſſire Jean Faviere, Conſeiller audit Parlement, en qualité de tuteur de Meſſire Jacques Antoine de Bauffremont & de Meſſire Louis Bènigne de Bauffremont, héritiers bénéficiaires d'illuſtre Seigneur Meſſire Pierre de Bauffremont leur pere, contre Messire Joseph de Grammont, Evêque de Philadelphie, & autres Parties, en date du 15. Novembre 1688; & une copie de défenses signifiée le 24. Novembre 1688, à la tête desquelles est un contrat dans lequel Messire Claude de Bauffremont, Gouverneur du Comté de Bourgogne, est qualifié de son Excellence très-illustre & puissant Seigneur.

Requête présentée au Parlement de Besançon par son Excellence haute & puissante Dame Dame Louise Françoise de Bauffremont, Marquise de Meximieux, en qualité de tutrice de hauts & puissants Seigneurs Messires Jacques Antoine de Bauffremont Marquis de Listenois, & Louis Benigne de Bauffremont, ses petits-fils; icelle répondue le 24. Novembre 1692.

Inventaire fait à Gray le 12. Août 1653, par-devant Jean Brun, Conseiller au Parlement de Dole, où a comparu illustre, haut & puissant Seigneur Messire Claude de Bauffremont, Gouverneur Général de Bourgogne, du Conseil de Guerre de Sa Majesté.

Jugement rendu le 19. Février 1703, par le Lieutenant Général du Baillage d'Orgelet, entre illustre & puissant Seigneur Messire Jacques de Bauffremont, contre Demoiselle Catherine Raviot & autres particuliers de Clervaux-les-Vandains.

Requête présentée par Henry Gouley en qualité d'administrateur des biens d'illustre & puissant Seigneur Messire Jacques Antoine de Bauffremont, icelle répondue le 8. Décembre 1703. Autre Requête présentée par le même, où les mêmes qualités sont données audit Jacques Antoine de Bauffremont; ainsi que dans des contredits fournis par-devant les Officiers dudit Bailliage.

Un contrat en date du 15. Décembre 1735, fait entre Révérendissime Charles François d'Alancourt, Evêque de Verdun, Abbé Commendataire de l'Abbaye de la Charité, & haut & puissant Seigneur Messire Louis Benigne Marquis de Bauffremont, Chevalier de la Toison d'or, Maréchal des Camps & Armées du Roy; en marge duquel est une homologation du Parlement, du 9. Juillet 1737.

Extrait de Sentence du Bailliage d'Orgelet, entre son Excellence Louis Benigne de Bauffremont, contre le sieur Philibert Girod, du 23. Mars 1722.

Autre Sentence entre son Excellence Louis Benigne de Bauffremont, Chevalier de la Toison d'or, & Maréchal des Camps & Armées du Roi, contre ledit Girod, en date du 12. Décembre 1722.

Contrat de Mariage de haut & puissant Seigneur Messire Pierre de Bauffremont, lequel y est assisté de haut & puissant Seigneur, Messire Henry de Durfort, Duc de Duras, au nom & comme Procureur spécial de haut & puissant Seigneur Messire Charles Louis de Bauffremont Marquis de Meximieux, son pere, & de haute & puissante Dame Dame Louise-Françoise de Bauffremont d'une part, & Dame Antoinette de Beauclaire, stipulant pour Damoiselle des Barres sa fille, du 12. Avril 1681, fait en la présence *&c.* de l'agrément de Louis XIV. Roi de France, de la Reine de France Marie Thérese d'Autriche, de Louis Dauphin de France, de Marie Anne Christine Victoire de Baviere, Epouse du Dauphin, & de plusieurs autres Princes.

Contrat de Mariage de très-haut & très-puissant

Seigneur Messire Louis Benigne de Bauffremont, Chevalier de la Toison d'or, fils de défunt très-haut & très-puissant Seigneur Messire Pierre de Bauffremont, & très-haute & très-puissante Dame Dame Marie des Barres, & de très-illustre Princesse Heleine de Courtenay, fille de très-haut & très-illustre Prince Monseigneur Louis de Courtenay, & de très-haute & très-puissante Princesse Madame Heleine de Besançon; icelui en date à Paris du 26. Février 1712.

Testament de haute & puissante Dame Dame Desle * de Bauffremont, en date du 10. Octobre 1655.

Lettres de reconnoissance de Fief, de Monseigneur Liebaut de Bauffremont, dans laquelle il est qualifié de Sire, en date du mois de Septembre 1276.

Histoire d'André du Chêne, l'un des plus célèbres & des plus sûrs Historiens pour les Généalogies: il rapporte le Testament de Robert Duc de Bourgogne; dans ce Testament, le Duc veut que la Duchesse sa femme se conduise par le conseil de Monseigneur Jean de Choiseul, Connétable de Bourgogne, de Monseigneur Jean de Vergy, Seigneur de Fonvens, Sénéchal, & de Monseigneur Liébaut de Bauffremont, Maréchal de Bourgogne, qu'il a qualifiés tous trois de ses chers Cousins. [Dans ce tems-là cette qualité n'étoit point un titre d'honneur, elle se donnoit à la Naissance: le Duc Robert & Liébaut de Bauffremont étoient en effet Cousins issûs de Germains. Alix de Vergy Duchesse de Bourgogne & mere du Duc Robert, & le pere d'Agnès de Vergy, femme de Philibert de Bauffremont & mere de Liébaut, étoient frere & sœur.]

* Voyez la Note au bas de la page 33.

L'Extrait du Teſtament de Claude de Vergy, Baron & Seigneur de Fonvens, du 9. Septembre 1525, à la ſuite duquel eſt un acte fait au Greffe du Parlement le 12. Mars 1632, dans lequel Meſſire Claude de Bauffremont, Abbé de Balerne, y eſt qualifié d'illuſtre Seigneur, & Madeleine de Bauffremont de Comteſſe & douairiere de ſon Excellence le Gouverneur de Bourgogne. VU l'Arrêt de *ſoit communiqué au Procureur Général* du 27. Mars courant: les Concluſions dudit Procureur Général; tout vû & conſidéré, & ouï le Rapport de Meſſire Jean Joſeph Maſſon, Conſeiller-Maître, Doyen, Commiſſaire-Rapporteur; la Cour a maintenu & maintient le Suppliant dans la jouiſſance & poſſeſſion de prendre la qualité de Haut & Puiſſant Seigneur; lui a permis & permet de la prendre tant en Jugement que dehors. FAIT & jugé en la premiere Chambre de la Cour des Comptes, Domaines, Aydes, & Finances du Comté de Bourgogne, à la Séance du matin du 30. Mars 1753. *Signé* LOYS.

En marge eſt écrit:

Epices 178. liv. 2. ſols 6. den. & les 2. ſols pour liv. *Signé*, DU CARROY.

Greffier en Chef, 10. liv. 4. ſols. *Signé*, Gratis.

Plumitif, 10. liv. 4. ſols.

Collationné. *Signé* BALLEZAUX. Reçu 18. liv.

Aux Huiſſiers, 3. liv.

COPIE DE L'ARREST
DE LA CHAMBRE DES COMPTES,
Du 22. Mars 1753.

PAR cet Arrêt il eſt enjoint au Marquis de Bauffremont de juſtifier de la qualité de Haut & Puiſſant Seigneur * priſe dans la Requête par lui préſentée pour prêter foy & hommage de la Terre & Seigneurie de Faucogney, ce qu'il a fait, & ſur quoi il a obtenu Arrêt du 30. Mars 1753. qui le maintient, lui a permis & permet de prendre la qualité de Haut & Puiſſant Seigneur, tant en jugement que dehors.

Extrait des minutes de la Chambre & Cour des Comptes, Domaine & Finances du Comté de Bourgogne.

Sur la Requête préſentée à ladite Chambre & Cour, par Haut & Puiſſant Seigneur Meſſire Louis, Marquis de Bauffremont, de Liſtenois, Chevalier, Lieutenant-Général des Armées du Roy, Gouverneur de Seiſſel, & Meſtre de Camp d'un Régiment de Dragons de ſon nom, en qualité d'époux & exerçant les droits de Haute & Puiſſante Dame Dame Marie Suzanne Si-

* Il eût été également facile à M. le Marquis de Bauffremont de prouver que les Maiſons de Ténarre & de Grammont dont vient Madame ſon épouſe, étoient en droit de ſe qualifier des mêmes titres que la Maiſon de Bauffremont, ces deux Maiſons étant également Anciennes & Illuſtres; mais dans cette occaſion il n'étoit queſtion que du nom de Bauffremont.

monne Ferdinande de Tenarre Montmain: contenant que par le décès de Dame Anne Joseph Ferdinande de Grammont, Douairiere de Messire François de Ténarre, Marquis de Montmain, Lieutenant-Général des Armées du Roy, & Gouverneur de Seissel, en son vivant Dame de la Terre & Seigneurie de Faucogney, ses pere & mere, elle est devenue Propriétaire de ladite Terre & Seigneurie de Faucogney, consistant en Bailliage, haute, moyenne, & basse Justice; Fiefs, arriere-Fiefs, & autres droits tant utiles qu'honorifiques en dépendant, & mouvante de Sa Majesté, à cause de son Comté de Bourgogne; pour raison de laquelle Terre & Seigneurie de Faucogney, le Suppliant aud. nom, souhaite de faire au Roy par-devant Nosseigneurs de la Chambre & Cour, les foy & hommage qui lui sont dûs. Supplie pour ce, ladite Chambre & Cour admettre le Suppliant en la susdite qualité d'époux & exerçant les droits de ladite Dame, à faire au Roy les foy & hommage qui lui sont dûs pour raison de ladite Terre & Seigneurie de Faucogney, dont il pourra jouir sans danger de main-mise. Vû ladit Reequête signée du Procureur, *la Chiche*. Le dire du Commis du Receveur-Général des Domaines & Bois, les conclusions du Procureur-Général, & oui le rapport de Messire Jean Joseph Masson, Conseiller-Maître, Doyen, Commissaire en cette part. La Cour avant faire droit sur la demande du Suppliant, lui a ordonné & ordonne de justifier de la qualité de *Haut & Puissant Seigneur* par lui prise en ladite Requête, dans six semaines, à défaut de quoi elle lui sera rayée. Enjoint ladite Cour audit Procureur-Général de lui faire signifier incessamment le préſent Arrêt. Fait en la premiere Chambre de la Cour des Comptes, Aides, *&c.* le 22. Mars 1753, *Signé*, LOYS.

En marge eſt écrit,

Droits du Greffier-en-chef, *gratis.*
Plumitif 12. ſols 9. deniers.
Huiſſier 2. ſols 6. deniers.

Collationné, reçu 7. ſols 6. den. Signé, *B. SAGET.*

ARREST

Du 2 Avril 1753.

FOY ET HOMMAGE rendu par Louis MARQUIS DE BAUFFREMONT ET DE LISTENOIS, au Roy comme Comte de Bourgogne, au nom de Suzanne Simonne Ferdinande de Ténarre, Dame & Baronne de Faucogney, épouſe dudit Seigneur Marquis DE BAUFFREMONT, pour la Terre & Seigneurie de Faucogney.

LOUIS PAR LA GRACE DE DIEU, ROI DE FRANCE ET DE NAVARRE, à notre Baillif d'Amont, à ſon Lieutenant-Général au Bailliage & Siége de Veſoul, & à tous autres nos Officiers & Juſticiers qu'il appartiendra, Salut. Sçavoir faiſons que par-Arrêt rendu en notre Chambre & Cour des Comptes, Domaines, Aides & Finances du Comté de Bourgogne

Bourgogne le 31. Mars dernier, ſur la Requête à elle préſentée par Haut & Puiſſant Seigneur, notre amé & féal Louis Marquis de Bauffremont de Liſtenois, Chevalier, Lieutenant-Général de nos Armées, Gouverneur pour nous à Seiſſel, & Meſtre de Camp d'un Régiment de Dragons de ſon nom, en qualité d'époux & exerçant les droits de Haute & Puiſſante Dame Dame notre amée & féale Marie Suzanne Simonne Ferdinande de Ténarre Montmain; contenant que par le décès de notre amée & féale Dame Anne Joſephe Ferdinande de Grammont, Douairiere de notre amé & féal Henry François de Ténarre, Marquis de Montmain, Lieutenant-Général de nos Armées, & Gouverneur pour nous à Seiſſel; icelle vivante, Dame de la Terre & Seigneurie de Faucogney, pere & mere de l'épouſe de l'Expoſant: cette derniere ſeroit devenue Propriétaire de ladite Terre & Seigneurie de Faucogney, conſiſtant en Bailliage, haute, moyenne & baſſe Juſtice, Fiefs, arriere-Fiefs, & autres droits, tant utiles qu'honorifiques en dépendant, mouvante de notre Fief à cauſe de notre Comté de Bourgogne; pour raiſon de laquelle Terre & Seigneurie de Faucogney l'Expoſant audit nom deſire nous faire par-devant notre Chambre & Cour, les foy & hommage qui nous ſont dûs: Supplioit pour ce ladite Cour l'admettre en la ſuſdite qualité d'époux & exerçant les droits de ſon épouſe, à nous rendre les foy & hommage qui nous ſont dûs pour raiſon de ladite Terre & Seigneurie de Faucogney, lui donnant pouvoir d'en jouir ſans danger de main-miſe. Vû ladite Requête ſignée du Procureur la Chiche, le dire du premier Commis, du Receveur-

I

Général de nos Domaines & Bois; l'Arrêt de notre Chambre & Cour, du 22 Mars dernier, par lequel il a été ordonné à l'Exposant de justifier de la qualité de Haut & Puissant Seigneur; les conclusions de notre Procureur-Général en notre Cour. Autre Arrêt d'icelle intervenu le 30. du mois de Mars dernier, sur la Requête dudit Exposant & pieces justificatives, y joint, dont la minute dudit Arrêt restera jointe à celle dudit Présent, & oui le rapport de notre amé & féal Jean-Joseph Masson, Conseiller-Maître, Doyen, Rapporteur. Notredite Cour a admis & admet l'Exposant en la qualité qu'il agit, à nous rendre les foy & hommage dûs pour la Terre & Seigneurie de Faucogney & dépendances, & instamment ayant été introduit en la Premiere Chambre de notredite Cour, il nous a fait par-devant elle les devoirs de Fief, de mains & de bouche, a prêté serment de fidélité requis & accoutumé, & en conséquence a envoyé & envoye ledit Exposant en la précédente qualité, en la jouissance & possession de ladite Terre, Seigneurie & dépendances pour pouvoir s'y entremettre sans danger de main-mise, à charge d'en donner le dénombrement dans le tems de la coutume, aux peines y contenues: ordonnant en outre notre Cour, que son présent Arrêt & celui du 30. Mars, seront enregistrés en ses Actes importants, pour y avoir recours au besoin.

Si vous mandons, qu'en cas que ladite Terre, Seigneurie & ses dépendances viennent à être saisis ou autrement empêchés pour lesdits devoirs de Fief à nous non faits, vous ayez à le mettre à dûe & entiere délivrance; sauf pour la présentation du dénombrement d'icelles, conformément au contenu audit Arrêt pour l'exécution duquel, mandons en outre au premier notre Huissier requis à la requête de l'Exposant en la susdite qualité, de faire, en vertu du Présent, tous actes & exploits dont requis sera, & en certifier; de ce faire te donnons pouvoir, car tel est notre plaisir. DONNÉ en notre Chancellerie, près notre dite Chambre & Cour des Comptes, Domaine, Aydes & Finances de notre Comté de Bourgogne, le Sceau tenant le 2e. jour du mois d'Avril, l'an de grace 1753, & de notre Regne le trente-huitiéme. Par la Cour, *signé* MARCIAC.

En marge est écrit,

Epices 31. livres 16. sols, & les 2. sols pour livre, *signé* Ducarrois.

Collationné, *signé* Ballezaux, reçu 3. livres.

Chambelliage, 24. livres.

Aux Huissiers, 4. livres.

Droit de Greffier en chef, *gratis*.

Plumitif 8. livres 9. sols.

TABLE DES PIECES CONTENUES DANS CET IMPRIMÉ.

J'AI lû par ordre de Monseigneur le Chancelier ce Recueil de Pieces & Arrêts concernant la Maison de Bauffremont. A Paris, ce 24. Septembre 1753.

COURCHETET.

De l'Imprimerie de LE BRETON, Imprimeur ordinaire du Roy, rue de la Harpe. 1753.

www.ingramcontent.com/pod-product-compliance
Lightning Source LLC
Chambersburg PA
CBHW070939280326
41934CB00009B/1944

* 9 7 8 2 0 1 2 7 6 2 5 4 1 *